Bessere Software kompakt

Die Werke der „kompakt-Reihe" zu wichtigen Konzepten und Technologien der IT-Branche

- ermöglichen einen raschen Einstieg,
- bieten einen fundierten Überblick,
- sind praxisorientiert, aktuell und immer ihren Preis wert.

Bisher erschienen:

- Heide Balzert
  UML kompakt, 2. Auflage
- Christian Bunse, Antje von Knethen
  Vorgehensmodelle kompakt, 2. Auflage
- Christof Ebert
  Outsourcing kompakt
- Christof Ebert
  Risikomanagement kompakt
- Karl Eilebrecht / Gernot Starke
  Patterns kompakt, 2. Auflage
- Andreas Essigkrug / Thomas Mey
  Rational Unified Process kompakt, 2. Auflage
- Peter Hruschka / Chris Rupp / Gernot Starke
  Agility kompakt
- Arne Koschel / Stefan Fischer / Gerhard Wagner
  J2EE/Java EE kompakt, 2. Auflage
- Torsten Langner
  C# kompakt
- Pascal Mangold
  IT-Projektmanagement kompakt, 2. Auflage
- Michael Richter / Markus Flückiger
  Usability Engineering kompakt
- Thilo Rottach / Sascha Groß
  XML kompakt: die wichtigsten Standards
- DIE SOPHISTen
  Systemanalyse kompakt, 2. Auflage
- Ernst Tiemeyer
  IT-Controlling kompakt
- Ernst Tiemeyer
  IT-Servicemanagement kompakt
- Ralf Westphal
  .NET kompakt
- Ralf Westphal / Christian Weyer
  .NET 3.0 kompakt

Martin Schmetzstorff

Bessere Software kompakt

Tipps und Anregungen für das Entwickeln von Software

Autor

Martin Schmetzstorff; E-Mail: Martin.Schmetzstorff@gmx.de

Bibliografische Information der Deutschen Nationalbibliothek

Die Deutsche Nationalbibliothek verzeichnet diese Publikation in der Deutschen Nationalbibliografie; detaillierte bibliografische Daten sind im Internet über http://dnb.d-nb.de abrufbar.

Springer ist ein Unternehmen von Springer Science+Business Media
springer.de

© Spektrum Akademischer Verlag Heidelberg 2008
Spektrum Akademischer Verlag ist ein Imprint von Springer

08 09 10 11 12   5 4 3 2 1

Planung und Lektorat: Dr. Andreas Rüdinger, Imme Techentin
Herstellung: Katrin Frohberg
Umschlaggestaltung: SpieszDesign, Neu-Ulm
Satz: Crest Premedia Solutions [P] Ltd., Pune, Maharashtra, India
Druck und Bindung: Krips b.v., Meppel

Printed in The Netherlands

ISBN 978-3-8274-2057-2

Vorwort

Vor 25 Jahren haben Branchenkollegen ihren Kunden erzählt, dass Computer irgendwann einmal so leicht zu bedienen sein würden wie Telefone. Auch wenn sie es wahrscheinlich nicht so gemeint haben: Sie hatten recht. Zumindest Mobiltelefone sind mittlerweile so kompliziert wie Computer![1]

Doch nicht nur im Mobiltelefon und im Computer – nein, in fast jedem technischen Gerät, sei es Auto, Kamera oder Waschmaschine, werden inzwischen wesentliche Funktionen durch Software gesteuert. Und dies leider nicht immer zu unserem Wohlgefallen: Presse und Internet sind voll von Berichten über Softwarefehler aller Art.

In diesem Buch habe ich eine Reihe grundlegender Methoden und Vorgehensweisen aufgeführt, die sich positiv auf die Qualität von Software auswirken. Wobei das entscheidende Auswahlkriterium für mich war, nur Punkte aufzulisten, bei denen mit (relativ) wenig Aufwand (aus meiner Sicht) relativ großer Nutzen erzielbar ist.

Dieses Buch richtet sich an diejenigen, die Softwareentwicklung in der Form erleben, dass zu wenig Personen in zu wenig Zeit zu viel an Funktionalität abliefern sollen.

Und so wie ein älterer Mensch nicht notwendig alt ist, obwohl „älter" die Steigerung von „alt" ist, bedeutet „bessere Software" in diesem Kontext, dass eine Software, bei deren Entwicklung die hier aufgeführten Punkte berücksichtigt werden, besser sein wird als eine Software, bei deren Entwicklung diese Aspekte ignoriert werden. Für eine wirklich gute Software ist allerdings noch deutlich mehr erforderlich – und dies teilweise mit deutlich hohem Aufwand.

Inhalt

Was ist „gute Software"?

Mein persönlicher Favorit für die Definition des Begriffs „Qualität" ist: „Erfüllung von Anforderungen"[2]. Folgende Anforderungen sind an eine Qualitätssoftware zu stellen[3]:

Aus der Benutzerperspektive sollte Software

- einfach zu bedienen sein,
- im Ablauf den Anwenderaufgaben entsprechen,
- keine Rätsel aufgeben,
- keine Fehler machen,
- kurze Antwortzeiten haben.

Für einen Projektleiter, der für das Erstellen von Software verantwortlich ist, dürfte besonders wichtig sein, dass Software

- rasch und aufwandsarm erstellt werden kann,
- das bietet, was verlangt wurde,
- schnell an neue oder geänderte Anforderungen angepasst werden kann,
- gut verständlich ist, um auch in einigen Jahren noch geändert werden zu können.

Und der Betreiber eines Rechenzentrums wird vermutlich betonen, dass

- Software günstig erstellt werden soll,
- neue Versionen der Software keine neuen Hardwareinvestitionen erfordern sollen,
- die Programme möglichst intuitiv verständlich sein sollen, so dass keine großen Schulungsaufwände anfallen.

Man sieht, unabhängig von der jeweiligen Sichtweise gibt es gemeinsame Schwerpunkte. Daher will ich hier als wesentliche Kriterien nennen:

- *Korrektheit:* Die Aufgaben werden so erfüllt wie definiert und erwartet.
- *Benutzerfreundlichkeit:* Das Programm ist leicht und intuitiv zu bedienen, der Ablauf ist für den Anwender logisch.

- *Effizienz:* Die Programme laufen auf „Standard-Hardware" mit kurzen Antwortzeiten.
- *Wartbarkeit:* Die Programme können schnell und einfach an neue Anforderungen angepasst werden.

Softwarespezifikation

Um gleich auf das erste Kriterium „*Korrektheit*: Die Aufgaben werden so erfüllt wie definiert und erwartet" zurückzukommen: Dies sagt sich leicht, ist aber eines der grundlegenden Probleme beim Erstellen von Software.
Was genau von einer Software erwartet wird, ist häufig unklar.

Anforderungsmanagement

Warum? Weil nach meiner Erfahrung kaum ein Kunde weiß, was er will. Meistens weiß er nur, was er nicht will, was nicht länger tragbar ist. Und sollte ein Kunde doch genauere Vorstellungen haben, wird er seine Meinung im Laufe des Projekts ändern.

Wie kann das sein? Machen Sie doch einen kleinen Selbstversuch und beantworten Sie, am besten schriftlich, folgende Frage: „Was sind die Anforderungen an einen schönen Urlaub?"
Fertig? Prima.

Jetzt prüfen Sie bitte, ob Ihre Antwort den folgenden Kriterien genügt:

- vollständig
- widerspruchsfrei
- eindeutig
- verständlich
- redundanzfrei.

Nein? So was aber auch – und dabei haben Sie noch gar nicht alle typischerweise betrachteten Qualitätsmerkmale für Anforderungen aufgelistet!

Und jetzt stellen Sie sich vor, wie Ihre Antwort wohl in drei oder in sechs Monaten lauten wird. Je nachdem, zu welcher Jahreszeit die Frage gestellt wird, denken Sie wahrscheinlich eher an Sommerurlaub am Meer oder in der Bergen („Ruhe und Erholung, eine Vielzahl von Sehenswürdigkeiten, herrliche Landschaft") – oder aber an Winterurlaub mit Skilaufen oder Schneewandern („prima Schnee, nicht zu kalt, immer Platz in der Sauna").

Kann man es einem Softwareentwickler vorwerfen, dass er am liebsten Software entwickelt? Wohl kaum. Ist es verwerflich, Freiräume zu nutzen? Sicher nicht. Von daher entwickeln viele Programmierer am liebsten unbelastet von zu vielen Detailkenntnissen technisch elegante Lösungen für Probleme, die der künftige Anwender gar nicht hat.

Wenn der Benutzer dann nach mehreren Monaten das erste Mal sieht, wie seine Anforderung „einfaches Hinzufügen eines Kommentars zu einer Zeichnung" implementiert wurde, ist das Entsetzen häufig groß: Die Funktionalität ist nicht wie erwartet, die Bedienbarkeit furchtbar, die unabdingbare Druckfunktion fehlt, und die Antwortzeit ist eine Katastrophe.

Was hat gefehlt? Ein Anforderungsmanagement.

Nach einer NASA-Studie[4] werden in der Industrie durchschnittlich nur etwa 3 % der Projektausgaben für die Phase der Anforderungsdefinition ausgegeben – werden dagegen etwa 8–14 % der Projektausgaben in das Anforderungsmanagement investiert, erreicht man eine deutlich höhere Wahrscheinlichkeit, das Projekt mit geringeren Kosten und weniger Zeitaufwand abzuschließen.

Darüber hinaus zeigen fast alle veröffentlichten Studien, dass ein ganz wesentlicher Teil der später gefundenen Probleme in der Software auf unzureichende Anforderungen zurückzuführen ist. Hier zwei Beispiele[5, 6]:

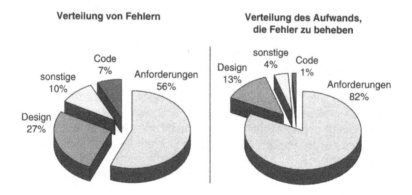

Verteilung von Fehlern

Code 7%
sonstige 10%
Anforderungen 56%
Design 27%

Verteilung des Aufwands, die Fehler zu beheben

sonstige 4%
Code 1%
Design 13%
Anforderungen 82%

Verteilung von Fehlern
Eine Studie eines US Air Force-Projektes

menschliche Fehler Dokumentationsfehler
Umfeldfehler 5% 5% 2% Anforderungsfehler
Datenfehler 6% 41%
Schnittstellenfehler 6%
sonstige 7%
Entwurfsfehler 28%

Die grundlegenden Qualitätskriterien für eine Spezifikation sind:
- Korrektheit
- Angemessenheit
- Vollständigkeit
- Widerspruchsfreiheit
- Verständlichkeit (Vorbedingung für Wartbarkeit)
- Redundanzfreiheit

und für jede einzelne Anforderung gelten die folgenden Qualitätsmerkmale:[7]

Ist die Anforderung	Erläuterung
identifizierbar	Können Sie aus einer Menge Text die einzelnen Anforde-rungen identifizieren?
atomar	Kann die Anforderung nicht mehr weiter aufgeteilt werden?
nachweisbar	Stellen Sie sich vor, Sie bekommen ein System vorgelegt, von dem behauptet wird, dass es diese Anforderung erfüllt. Wie gehen Sie vor, um diese Behauptung zu über-prüfen? Könnten Sie einen Testfall dafür schreiben?
verständlich	Verstehen Sie, was der Autor der Anforderung damit sagen wollte? Sind Ihnen unbekannte Fachausdrücke, Abkürzungen, Redewendungen usw. enthalten, die nicht in einem Glossar erläutert sind?

eindeutig	Würde ein anderer Leser die Anforderung genau so verstehen wie Sie oder lässt sie unterschiedliche Interpretationen zu?
realisierbar	Wie schätzen Sie die Erfolgschancen zur Umsetzung der Anforderung ein? Beruht sie auf einer sachlichen Einschätzung des Problems oder eher auf Wunschdenken?
widerspruchsfrei	Widerspricht eine Anforderung anderen Anforderungen?
vollständig	Reicht die Menge aller Anforderungen aus, um das gewünschte Verhalten vollständig zu beschreiben oder fehlen Anforderungen?
redundanzfrei	Gibt es mehrere Anforderungen mit gleicher Aussage?
rückverfolgbar	Woher stammt diese Anforderung?
notwendig	Dient diese Anforderung dem Erreichen eines vorgegebenen Zieles?
testbar	Ist definiert, wie geprüft werden kann, ob das abgelieferte System die Anforderung erfüllt?
priorisiert	Ist jede Anforderung nach Dringlichkeit oder Wichtigkeit bewertet?

Ganz klar, es ist illusorisch, zu glauben, dass es möglich ist, bei einem Projekt, dessen Laufzeit auf mehrere Monate oder gar Jahre geschätzt wird, vorab alle Anforderungen zu spezifizieren, die der Anwender bei Einführung des Systems haben wird.

Aber es ist genauso klar, dass eine halbseitige Beschreibung, was künftig nicht mehr tragbar ist, oder aber eine Handvoll Entwürfe von künftigen Bildschirmmasken kaum ausreichen dürften, sicherzustellen, dass genau die Software entwickelt wird, die der Anwender hinterher haben möchte. Allein auf Telepathie als Übertragsmedium von Anwendererfahrungen zu setzen, führt offensichtlich nicht zum Erfolg.

Es ist auf jeden Fall möglich, alle aktuell bekannten, über die eigentliche Funktionalität hinausgehenden Anforderungen zu beschreiben – bzw. festzuhalten, dass bestimmte Aspekte (z. B. Portierbarkeit) unwesentlich sind. Insbesondere für Schnittstellen sind Mengengerüste und zur Verfügung stehende Übertragungszeiten (z. B. „die halbe Nacht") ganz wesentliche Kenngrößen – denn typischerweise werden „spätere" Anforderungen eher das Übertragen von mehr als von weniger Daten beinhalten.

Und es ist auch möglich und häufig sehr hilfreich, eine Negativabgrenzung vorzunehmen und explizit aufzulisten, was nicht gefordert ist. Eine klare Aussage wie *„Es ist also nicht möglich die neuen Buchungen direkt nach der Eingabe anzuzeigen"* dürfte für viele Leser deutlicher sein als nur *„Alle Buchungen werden innerhalb von 24 Stunden in einem Stapellauf ins System übertragen"*.

Das Umfeld

Wenn Sie es gut mit Ihren Kunden meinen, versetzen Sie sich doch einmal, soweit möglich, in seine Lage. Wenn Sie eine Individual-Software erstellt haben, sollte Ihnen dies sehr gut gelingen, wenn Sie dagegen Standard-Software produzieren, wird Ihnen dies schon schwerer fallen. Aber in diesem Fall müssten Sie zumindest wissen, für welchen Zielmarkt Ihr Produkt gedacht ist und welche grundlegenden Neuerungen und / oder Veränderungen die Arbeit mit Ihrem Produkt für den Anwender bedeutet.

Daraus können Sie mehrere Schlüsse ziehen:

- Welche Art von Softwaresystemen wird ein Anwender aus Ihrer Zielgruppe mit hoher Wahrscheinlichkeit mit Ihrem System koppeln wollen?
- Welches sind hier die marktgängigen Systeme, und welche Ein- und Ausgabeformate unterstützen sie?
- Ist ein einseitiger Datenabgleich ausreichend oder wahrscheinlich ein bidirektionaler Austausch erforderlich?
- Was sind die Vor- und Nachteile, wenn dieses oder jenes System das Führende ist? Welche Auswirkungen auf eine Kopplung haben beide Varianten?
- Welche Datenvolumina sind voraussichtlich in welcher Zeit zu übertragen? Können Sie guten Gewissens behaupten, dass Ihr System auch beim doppelten Volumen noch kein Problem haben wird?
- Wie lange werden die Daten voraussichtlich für den produktiven Betrieb benötigt? Wie lange müssen sie archiviert werden?
- Wie viel Anwender sollen in drei bis fünf Jahren mit dem System arbeiten können?
- Wieweit ist es möglich, Ihr System und eines der zu koppelnden Systeme auf der gleichen Hardware zu betreiben? Wissen Sie, welche Betriebssystem- und Datenbankversionen die marktgängigen Systeme unterstützen?

- Was sind voraussichtlich die größten Neuerungen für die EDV-Gruppe auf Kundenseite? Was muss unbedingt geschult werden?
- Was halten Sie für den größten Nutzen für den Anwender? Was bekommt er neu oder deutlich schneller?
- Wo erwarten Sie die größten Änderungen in den Arbeitsabläufen der Anwender? Welche „alte" Methodik wird durch welche „neue" Vorgehensweise ersetzt oder ergänzt?
- Wie prüfen Sie schnell und komplett, ob alle erforderlichen Hardware- und Betriebssystemvoraussetzungen gegeben sind?
- Wenn der Kunde schon eine ältere Version Ihrer Software nutzt:
  - Welche Besonderheiten sind beim Versionswechsel zu beachten? Welche Tätigkeiten erfolgen automatisch, welche müssen manuell erledigt werden?
  - Was passiert mit kundenseitig vorgenommenen Konfigurationen und / oder Erweiterungen? Gibt es wenigstens eine Prüfroutine, die auf „kritische Bereiche" hinweist?

Der Projektauftrag

Mit der Unterzeichnung des Projektauftrags durch den Auftraggeber wird ein Projekt offiziell gestartet. In jedem Fall sollte gelten: „Kein Projekt ohne Projektauftrag!"

Der Projektauftrag hat den Charakter eines Vertrags zwischen dem Auftraggeber und dem Projektteam (Projektleiter und Mitarbeiter)[8]. Insofern sollten die beteiligten Projektmitarbeiter ebenso in die Gestaltung des Projektauftrags involviert werden. Nur wenn alle Beteiligten in dem Projekt eine machbare Herausforderung und nicht eine unrealistische Überforderung sehen, besteht überhaupt eine Chance auf eine erfolgreiche Projektabwicklung. Die Inhalte eines Projektauftrags können individuell gestaltet werden. Mit der Entscheidung für ein Projekt sollten aber wenigstens folgende Informationen schriftlich vorliegen:

Kurzzusammenfassung
- Grundzüge des Projekts in drei Sätzen

Projektbegründung
- Ausgangslage (soziale, kulturelle und politische Rahmenbedingungen)

- Projektbegründung (Bedarf / Bedürfnis)
- ähnliche (eigene oder fremde) Projekte

Vorgesehene Wirkungen
- Vision (längerfristige Perspektive)
- Ziele (vorgesehene Wirkungen bis Projektende), untergliedert in Muss-, Soll- und Kann-Ziele
- Anforderungen (Lastenheft)

Umgebung und Zielgruppen
- Umgebung / Umfeld (in denen Wirkungen erzeugt werden sollen)
- Entscheider und deren Ansprüche
- Zielgruppen und Schlüsselpersonen (Betroffene) der geplanten Änderungen, neben Auftraggeber, Endbenutzern und Projektmitarbeitern sollten hier auch externe Beteiligte (Berater, Lieferanten etc.) sowie spätere Betreiber (Rechenzentrum etc.) aufgeführt sein
- Randbedingungen (z.B. gesetzliche Regelungen, Normen, Qualitätsvorgaben, Schnittstellen)

Vorgehensweise
- Strategien (Ansätze, Methoden)
- zeitlicher Rahmen (Beginn, Dauer, Ende)

Projektorganisation
- Projektstruktur (grob)

Projektkalkulation

Leistungen des Auftragnehmers
- vorgesehener Nutzen
- Arbeitsumfeld – Einbindung in die Gesamt-Projektstruktur
- Mitwirkungsleistungen des Auftraggebers sowie Dritter
- formale Vereinbarung mit dem Auftraggeber (Funktionsmenge, andere Ergebnisse, Performance, Qualität)
- vorgesehener Zeitrahmen
- vorgesehener Aufwand

Verständliche Dokumente

Angenommen, Sie versprechen Ihrer Tochter oder Ihrem Sohn zum bestandenen Abitur ein Auto. Was wird Ihr Kind sich wohl vorstellen? Eher einen gebrauchten VW Golf oder einen nagelneuen Porsche 911?

Menschliche Sprache, insbesondere in Alltagsunterhaltungen, ist fast nie deterministisch, unzweideutig, korrekt und vollständig. Auch beim Friseur oder in der Stammkneipe ist ein kurzes „wie immer" nur dann ausreichend, um zur gewünschten Frisur oder zum gewünschten Getränk zu kommen, wenn einen das Personal dort schon lange kennt. Ist dies nicht der Fall, ist die Bedeutung unserer Worte und Ausdrücke schnell unklar oder zweideutig.

Wie kommt man nun zu besser verständlichen Dokumenten? Indem man darauf achtet, Folgendes zu tun[9]:

- **fehlerfrei schreiben**: Rechtschreibfehler und grammatikalische Fehler sind ein Zeichen der Missachtung des Lesers und mangelnder Zuverlässigkeit. Mit anderen Worten: Das Projekt ist gestorben, wenn das Lastenheft viele Fehler enthält (und der Kunde sauer ist.)

- **ausgewogene Gliederung**: Tiefe der Gliederung (maximal drei Stufen) und Länge der einzelnen Abschnitte sollte nicht (zu stark) variieren.

- **sinnvolle Typografie**:
  - nicht zu viele verschiedene Schriftarten und Größen
  - nur Überschriften und **Schlüsselbegriffe** hervorheben
  - nicht mehrere *Hervorhebungsmöglichkeiten* kombinieren

- **sparsam mit Adjektiven**: Häufig handelt es sich um nichtssagende überflüssige Füllwörter, z. B. „vollendete Tatsachen" oder „schwere Verwüstungen".

- **aussagekräftige Verben**: „Die Datenstruktur wurde als abstrakter Datentyp implementiert." Auf aussageschwache Verben wie „erfolgt" oder „geschieht" kann fast immer verzichtet werden.

- **kurze Sätze, keine Schachtelsätze** – Negativbeispiel: „Als Vorbedingung der Funktion gilt, dass alle übergebenen Argumente, wobei zu berücksichtigen ist, dass das letzte Argument, der Prüfmodus, optional ist mit einer Vorgabe von false, im angegebenen Wertebereich liegen müssen." *Besser:* „Als Vorbedingung müssen alle Argumente im vorgegebenen Wertebereich liegen. Der Prüfmo-

dus ist das letzte Argument und kann entfallen. Dann gilt er als abgeschaltet." *Oder* (Aufzählungen erhöhen die Übersichtlichkeit):
- Vorbedingung: Alle Argumente liegen im vorgegebenen Wertebereich.
- Ausnahme: Der Prüfmodus (letztes Argument) darf entfallen.
- Default: Ist der Prüfmodus nicht angegeben, so gilt er als abgeschaltet.

■ **aktiv statt passiv** – Negativbeispiel: „Es muss gewährleistet werden, dass man mindestens die letzten fünf Änderungen rückgängig machen kann." *Besser:* „Der Anwender kann die letzten fünf Änderungen rückgängig machen."

■ **Nur Fremdwörter und Abkürzungen verwenden, die dem Leserkreis bekannt sind.** Aber: lieber englische Begriffe als falsche Übersetzungen! „Motherboard" ist besser als „Mutterbrett".

Außerdem bitte tunlichst vermeiden:

■ **Konjunktive**: Was meinen Sie, was eine Formulierung wie „Das Programm sollte die Möglichkeit ... bieten" bewirkt? Mit sehr hoher Wahrscheinlichkeit nur Enttäuschung bei der Abnahme – weil eben diese Möglichkeit dann fehlen dürfte. Machen wir uns nichts vor: Die Aussage „Ich würd' ja so gern bei dir bleiben" heißt im Klartext einfach „Ich muss weg!". Nur in Fällen wie dem folgenden ist der Konjunktiv in einer Spezifikation gerechtfertigt: „Sollte es doch möglich sein, durch den Einsatz von Bibliotheksfunktionen deutlich weniger als den geplanten Aufwand zu benötigen, soll zusätzlich die ursprünglich erst für Version 2 vorgesehene Funktion xy mit in den Umfang von Version 1 aufgenommen werden"

■ **Nominalstil**: „Die Trinkung des Schnapses erfolgt vonseiten des Bergmanns", soll Norbert Blüm einmal scherzhaft gesagt haben.

■ **Fehlende Satzzeichen**: „Anwendergruppe A sagt Anwendergruppe B sei überflüssig". Was ist gemeint: „Anwendergruppe A sagt, Anwendergruppe B sei überflüssig" oder „Anwendergruppe A, sagt Anwendergruppe B, sei überflüssig"?

■ **Zweideutige Verweise**: die Verwendung von Worten wie „es", „solch", „das obige", „das vorherige", „sie", „diese". Wenn beispielsweise die Spezifikation festlegt: „Addiere Feld A zu Feld B. Diese Zahl muss positiv sein" ist nicht zweifelsfrei klar, auf welche Zahl hier verwiesen wird.

- **Auslassungen** wie
  - Ursachen ohne Wirkung – zum Beispiel: „Die Rückgabewerte 1 bis 4 erzeugen eine Fehlermeldung." Sind auch andere Rückgabewerte möglich? Was soll bei einem Rückgabewert 5 passieren?
  - Unvollständige Bedingungen – zum Beispiel: „Wenn Sie über eine rote Ampel fahren, erhalten Sie einen Strafzettel". Es fehlt die Aussage, dass Sie dabei auch ertappt werden müssen.
- **Doppelte Verneinung:** Damit es nicht unklar ist. Alles klar?
- **Zeitliche Zweideutigkeit:** das Verwenden der Worte „nach", „später" „jährlich" „wöchentlich", „monatlich" – diese sind zweideutig, weil sie keine genaue Zeit angeben. Beispiel: „Angenommene Überweisungen werden später in der Datenbank gebucht", „Die Konten werden danach auf Unstimmigkeiten geprüft".
- **Zweideutige Grenzwerte:** „Wenn die Zahl positiv ist, wird addiert, andernfalls eine Fehlermeldung ausgegeben." Was passiert, wenn die Zahl den Wert null hat?
- **Logische Widersprüche:** beispielsweise Aussagen wie „Wir liefern die Funktionen A, B und C" und ein paar Seiten weiter „Der geschätzte Aufwand für B, C und D beträgt ... Personentage."
- **Redundanzen und Füllwörter:** Statt „Die Klasse A ist hier eine Unterklasse von B, sie erbt deshalb alle Attribute von B." einfach „A ist eine Unterklasse von B."
- **Überflüssiges, Belangloses** und **Binsenweisheiten:** beispielsweise Sätze wie „Darauf kommt es eben im Endeffekt schlichtweg an."

Das verstehe, wer will!

Das reale Leben ist selten logisch. Somit ergibt sich ein grundsätzliches Problem mit der weiter oben aufgeführten Liste von Qualitätsmerkmalen daraus, dass für keines dieser Merkmale eindeutig klar ist, wie genau beurteilt werden kann, ob es erfüllt ist oder nicht. Hierzu ein schönes Beispiel aus dem täglichen Leben für das Merkmal Widerspruchsfreiheit:[10]

Wo sollen in einem Haushalt Messer aufbewahrt werden? Einleuchtend einfach und konsistent wäre es, sie alle am selben Ort vorzuhalten – aber im praktischen Leben finden sich wohl häufig die Messer des Alltagsbestecks in der Besteckschublade in der Küche, die silbernen Messer mit dem weiteren Silberbesteck in einem besonderen

Besteckkasten im Wohnzimmer – und das Campingmesser ist zusammen mit Zelt und Gaskocher im Keller.

Was aus Anwendersicht sinnvoll ist, ergibt sich eben meist aus langjähriger praktischer Arbeit und nicht aus abstrakter Logik.

Anscheinend „unlogische" Anforderungen daher bitte nicht direkt verwerfen – vielmehr mit dem künftigen Systemnutzer klären, ob und warum dieses Verhalten für ihn von Bedeutung ist. Wobei es allerdings immer empfehlenswert ist, den Realitätsbezug nicht zu verlieren. Eine Forderung wie die, ein Hochleistungsruderboot zu bauen, welches

- 1000 Fracht-Container
- in zwei Tagen
- von Hongkong nach Rotterdam

bringen kann, ist sicherlich eine reizvolle Zukunftsvision, aber aktuell nicht zu verwirklichen.

Bescheidenheit ist eine Zier

Ebenso wichtig sind die folgenden Aspekte:

„Software-Entwickler sind berüchtigt dafür, technisch elegante Lösungen für Probleme zu entwickeln, die den Benutzer nicht interessieren. Marketingspezialisten sind berüchtigt dafür, Software-Produkte mit so vielen Funktionen zu überladen, dass die Anwender die wenigen Funktionen, die sie wirklich benötigen, nicht mehr finden können."[11]

Das Hinzufügen nicht benötigter Funktionen ist schon immer eines der schwerwiegendsten Softwareentwicklungsrisiken wegen der dadurch verursachten Zunahme der Softwarekomplexität, dem destabilisierenden Effekt auf Design und Code sowie erhöhten Kosten und längerer Laufzeit verbunden mit der Erweiterung des Produktkonzeptes.[12]

Und fast alle Anwender wollen lediglich möglichst schnell und einfach an ihr Ziel kommen – nicht mehr. Die gute alte KISS-Regel („**K**eep **I**t **S**mall and **S**imple") sollte also sowohl beim Festlegen des Funktionsumfanges als auch bei der Definition der Bedienoberfläche berücksichtigt werden.

Das Pareto-Prinzip gilt ganz klar auch für Software Engineering:

- 20 % der Anforderungen bedingen 80 % der Komplexität.
- 80 % des Systems sind in 20 % der Zeit fertiggestellt.

Dies zeigt auch eine Studie der Standish Group[13] zur tatsächlichen Nutzung geforderter Funktionen:

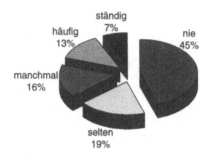

Das Auge isst mit

Stellen Sie sich bitte eine festlich gedeckte Tafel mit Ihrem Lieblingsmenü vor – und dann eine Tube mit Astronautennahrung. Was davon regt Ihren Appetit mehr an? „Dumme Frage", werden Sie jetzt vermutlich sagen – „natürlich der festlich gedeckte Tisch."

Etwas ganz Typisches bei einem solchen Tisch ist, dass alles, was sich darauf befindet, auch benötigt wird. Liegen neben dem Teller mehrere Gabeln und Messer, sollen sie sukzessive für Vorspeise, Hauptgang und ggf. Nachtisch genutzt werden. Sind verschiedene Gläser vorhanden, wird die Bedienung nach der Getränkewahl diejenigen abräumen, die nicht (mehr) erforderlich sind.

Wenn Sie sich jetzt fragen, was dies alles mit der Spezifikation von Software zu tun hat – ganz einfach, diese Grundsätze sollten nicht nur für Speisetafeln, sondern auch für Menüs und Bildschirmanordnungen gelten! Auch ein Softwaremenü soll dazu einladen, mit dieser Software zu arbeiten. So wie beim Essen klar ist, dass ich mit dem „außen" liegenden Besteck beginne und mich sozusagen nach „innen" vorarbeite, sollte die Anwenderführung klar und unzweideutig sein. Und so, wie nicht benötigte Gläser entfernt werden, sobald Sie Ihre Getränke bestellt haben, sollten weder Menüs noch Bildschirmfenster Felder enthalten, die nicht nutzbar sind.

Ein klarer, offensichtlicher „Durchlauf" durch das Programm erhöht die Anwenderakzeptanz drastisch – dies nicht zu definieren, führt umgekehrt fast sicher zu zahlreichen Beschwerden über die „unbrauchbare" Software.

Benutzerfreundlichkeit

Wenden wir uns nun dem zweiten im Kapitel „Was ist gute Software?"
genannten Kriterium zu: *„Benutzerfreundlichkeit*: Das Programm ist leicht
und intuitiv zu bedienen, der Ablauf ist für den Anwender logisch".

Für „Benutzerfreundlichkeit" wie „Qualität" gilt, dass sich einerseits
fast jeder schwertut, sie genau zu definieren – doch andererseits fast
jeder „ich weiß es, wenn ich es sehe" dazu sagt.

Wie Benutzerfreundlichkeit wahrgenommen wird, hängt sehr stark
davon ab, wieweit die persönlichen, also weitgehend subjektiven
Anforderungen des Anwenders erfüllt werden. Was es insbesondere
bei Standardsoftware sehr schwierig macht, möglichst viele dieser
Anforderungen bei der Entwicklung zu berücksichtigen.

Die wohl typische Erwartungshaltung des Benutzers an ein Produkt
drücken die folgenden Forderungen aus:[14]

- optimale Unterstützung bei der Lösung seiner Arbeitsaufgabe
- intuitive Benutzung (98 % der Benutzer lesen keine Handbücher)
- einfache Benutzung
- effiziente Benutzung
- wenig Fehler
- möglichst geringe (mentale) Anstrengung
- Übersichtlichkeit
- ansprechendes Design
- Spaß bei der Benutzung
- Benutzungsprinzipien sollen auf möglichst viele Produkte übertragbar sein.

In der Norm ISO 9241-11 wird „Usability" wie folgt definiert: *„Das Ausmaß, in dem bestimmte Benutzer, in ihrem bestimmten Kontext, ihre Aufgabenziele mit Effektivität, Effizienz und Zufriedenstellung erreichen können."*[15]

		Zufriedenstellung
		Positive Einstellung gegenüber
	Effizienz	der Nutzung des Produktes
	Aufwand zur	
Effektivität	Aufgabenerfüllung	
Benutzbarkeit für		
Aufgabenerfüllung		

- Effektivität:
  Vollständigkeit und Genauigkeit, damit die Benutzer ein bestimmtes Ziel erreichen können
- Effizienz:
  Der im Verhältnis zur Genauigkeit und Vollständigkeit eingesetzte Aufwand, mit dem Benutzer ein bestimmtes Ziel erreichen
- Zufriedenstellung:
  Freiheit von Beeinträchtigung und positive Einstellung gegenüber der Nutzung des Produktes

Als deutsche Übersetzung haben die Normautoren „Gebrauchstauglichkeit" (deutsche Übersetzung von Usability aus DIN EN ISO 9241-11:1999) gewählt.

Umgangssprachlich wird der Begriff häufig mit „ergonomisch" gleichgesetzt – auch wenn dies genau genommen ein Oberbegriff ist.

Sieben wesentliche Grundsätze der Dialoggestaltung sind in DIN EN ISO 9241-110 aufgeführt:[16]

- *Aufgabenangemessenheit*
  Dialogwege zwischen Fenstern und innerhalb derselben sowie die dort dargestellten Informationen sollten die Arbeitsschritte zur Erledigung der Arbeitsaufgabe genau abbilden und daher aufgabenangemessen sein.
- *Selbstbeschreibungsfähigkeit*
  Alle Texte, wie Labels und Meldungen, sollten auf Anhieb verständlich und somit selbstbeschreibend sein.
- *Steuerbarkeit*
  Schaltflächen, Icons und Menüeinträge sollten den Benutzer mit einfachen und flexiblen Dialogwegen zum Ziel seiner Aufgabe führen und damit die Anwendung steuerbar machen.
- *Erwartungskonformität*
  Bedienungsabläufe, Symbole und die Anordnung von Informationen sollten innerhalb der Anwendung konsistent sein, dem erworbenen Wissen der Benutzer entsprechen und daher erwartungskonform sein.
- *Fehlerrobustheit*
  In allen Situationen sollten Eingaben rückgängig gemacht und Bedienungsschritte aufgehoben werden können und dadurch das Programm fehlertolerant machen.

▦ *Individualisierbarkeit*
Fenstereinstellungen, Spaltenanordnungen in Listen, Sortierungen, Symbolleisten, Menüs, Tastenkürzel, Funktionstasten etc. sollten individuell eingestellt und gespeichert werden können und somit individualisierbar sein.

▦ *Lernförderlichkeit*
Alle Bedienungsschritte, Tastenkürzel und „Orte", wo bestimmte Informationen, Menüeinträge oder Funktionen zu finden sind, sollten einem leicht zu verstehenden und erlernbaren Prinzip folgen und daher lernförderlich sein.

Außerdem gibt es noch die Normenreihe ISO 9241 „Ergonomische Anforderungen für Bürotätigkeiten mit Bildschirmgeräten" – ganz praktisch als Checkliste verwendbar ist die darin enthaltene

Kurzprüfliste zur DIN EN ISO 9241

„Ergonomische Anforderungen für Bürotätigkeiten mit Bildschirmgeräten":

1. Bietet die Software alle *Funktionen*, um die anfallenden Aufgaben zu erfüllen?
2. Kann auf Daten direkt zugegriffen werden, ohne durch *umständliche* Systemhandhabungen behindert zu werden?
3. Werden verständliche *Begriffe*, Bezeichnungen und *Abkürzungen* verwendet?
4. Sind die *Dialogschritte durchschaubar* und überschaubar?
5. Kann der Dialog jederzeit *unterbrochen* und wieder aufgenommen werden?
6. Entsprechen die Dialoge dem zugrunde liegenden „*Styleguide*"?
7. Ist stets klar, ob die letzte Eingabe *erfolgreich* war?
8. Ist es nahezu ausgeschlossen, dass Eingaben zu unkontrollierten *Systemzusammenbrüchen* oder -zuständen führen?
9. Kann man die Software leicht an den *Kenntnisstand* des Benutzers anpassen?
10. Kann der letzte Dialogschritt *rückgängig* gemacht werden?
11. Wird eine *Überladung* des Bildschirms vermieden? (50%-Regel)

Übrigens: Ein durchaus gängiges Verfahren für das Testen der Gebrauchstauglichkeit ist das „laute Denken" (engl. *thinking aloud*). Dabei soll die Testperson alle Gedanken, also sowohl Überlegungen wie auch Fehlinterpretationen und Stimmungen, artikulieren. Dieses Verfahren lässt sich ganz einfach auch mit einer Sekretariatskraft oder sonst jemand, der mit der Entwicklung der Software nicht befasst war, durchspielen. Bitten Sie die Person, sich an das System zu setzen und gewisse, als „typisch" angesehene Arbeitsabläufe durchzuspielen. Hier zeigt sich sehr schnell, ob das System sozusagen intuitiv bedienbar ist oder ob es den Anwender rasch verzweifeln lässt ...

USABILITY-Metriken

Auch Usability kann man messen. Besser geeignet als die Anzahl Flüche pro Zeiteinheit dürften die folgenden Metriken sein:[17]

Erfolgsrate (Succes Rate). Die Erfolgsrate bezeichnet die Prozentzahl der von einem Testnutzer erfolgreich beendeten Testaufgaben in einem Usability-Test. Eine Zeitvorgabe existiert nicht. Entscheidend ist allein, ob ein Nutzer in der Lage war, die ihm gestellte Aufgabe zu erfüllen. Um diese Metrik zu berechnen, kann jede Testaufgabe mit einer bestimmten Punktzahl verknüpft werden. Bei der anschließenden Auswertung werden die Punktzahlen eines Nutzers oder wahlweise auch die Punktzahlen alter Probanden einer Testaufgabe zu einer Gesamtpunktmenge addiert und mit einer vorgegebenen Orientierungszahl (zum Beispiel der Menge der maximal erreichbaren Punkte) verglichen.

Time2Task. Die Usability-Metrik Time2Task weist eine ähnliche Zielsetzung wie die bereits beschriebene Erfolgsrate auf. Dem Probanden wird eine Testaufgabe gestellt. Entscheidend ist nun aber nicht mehr allein, ob eine Aufgabe erfolgreich beendet wird. Hinzu kommt der zuvor noch ausgeklammerte Zeitfaktor. Zu diesem Zweck wird die Zeit gestoppt, die ein Nutzer für die Erledigung einer Aufgabe benötigt.

Nutzerzufriedenheit (Spaßfaktor). Die Nutzerzufriedenheit ist eine Usability-Metrik, die nur sehr schwer quantifizierbar ist. Sie erfasst die subjektiven Eindrücke des Testnutzers während eines durchgeführten Usability-Tests. Dies kann Vor- und Nachteile haben. Als schwierig erweist sich insbesondere die Benennung von Gütekriterien, anhand derer ein Nutzer eine Bewertung abgeben soll. Als positiv ist dagegen der Umstand einzuschätzen, dass über die Nutzerzufriedenheit ein globales Feedback zum Look & Feel der getesteten Anwendung ermittelt werden kann. Dies ist vor allem bezüglich der Abgrenzung des eigenen Produktes gegenüber Konkurrenzprodukten von Interesse.

Anzahl der Hotlineanrufe. Die Anzahl protokollierter Hotline-Anrufe ist eine besonders geeignete Metrik, um die positiven Effekte von Usability-Engineering-Methoden zu belegen. Dahinter steht die Überlegung, dass Anwendungen mit schlechter oder unausgereifter Benutzerschnittstelle auch in vielen Fallen zu Bedienproblemen führen, die wiederum Unsicherheiten und Angst im Umgang mit der Anwendung zur Folge haben. Dementsprechend kommt es häufig zu Situationen, in denen Nutzer auf die Unterstützung des Support-Teams angewiesen sind. Der (oft kostenpflichtige und kostenintensive) Support-Anruf verbleibt dann in vielen Fällen als einziger Ausweg. Gleiches gilt für die Anzahl der Supportanfragen per E-Mail.

Zu Unrecht ausgemustert

Computer-Programme, speziell unter Windows, sind heute fast ausschließlich Dialogprogramme. Natürlich wäre es toll, alle gewünschten Daten auf Anforderung immer topaktuell zu erhalten – aber ganz egal, wie leistungsfähig die Hardware auch sein mag, es wird immer Auswertungen geben, die nicht in wenigen Sekunden fertiggestellt sein werden. Spätestens nach drei Sekunden Wartezeit werden die meisten Anwender aber schon ungeduldig.

Daher gibt es die Empfehlung, dass Systemantwortzeiten[18]

- durch eine besondere Anzeige gekennzeichnet werden, wenn sie im Sekundenbereich liegen. Bei längeren Pausen (> 10 Sek.): Information über den Systemzustand.
- spätestens ab 30 Sekunden mit der verbleibenden Wartezeit angezeigt werden. Evtl. Ausgabe von Zwischenergebnissen bzw. Ermöglichen paralleler Bearbeitung von anderen Aufgaben.

Bei genauerem Hinsehen zeigt sich, dass es sehr viele wiederkehrende Auswertungen gibt, die gar nicht brandaktuell sein müssen. Für Reklamations-, Fluktuations- oder Umsatzstatistiken, um nur ein paar wenige Beispiele zu nennen, reicht tages-, häufig sogar monatsaktuell völlig aus.

Es ist also prinzipiell ganz einfach, die Daten in der erforderlichen Aktualität dem Anwender ohne jede Wartezeit zur Verfügung zu stellen – indem entsprechende Auswertungen oder Aktualisierungen automatisch in der Nacht oder am Wochenende im Hintergrund laufen.

Vor dem Siegeszug von Windows waren Stapelverarbeitungen sehr häufig. Oft, wenn nicht zu oft, produzierten sie fast unendlich lange Listenausdrucke, weshalb sie wohl inzwischen in Verruf geraten sind.

Nutzt man sie jedoch zur Datenausgabe in eine Datei oder Datenbank, sind sie ein sehr komfortabler Weg, sicherzustellen, dass wiederkehrende Auswertungen aktuell verfügbar sind. Was nachhaltig zur Akzeptanz eines Systems beiträgt.

Damit wäre das dritte im Kapitel „Was ist gute Software?" genannte Kriterium: *„Effizienz*: Die Programme laufen auf „Standard-Hardware" mit kurzen Antwortzeiten" zumindest teilweise berücksichtigt.

Log-Dateien

Es ist schon seit Längerem Stand der Technik, dass Programme bestimmte Aktionen, Fehler oder Hinweise in Dateien protokollieren. Für im Hintergrund laufende Programme oder Prozesse, die kein Ausgabefenster kennen, gibt es so eine Möglichkeit, Informationen an den Anwender weiterzugeben.

Was aus Anwendersicht ein System ist (z. B. Auftragsverwaltung, Leistungsabrechnung, ...), ist technisch gesehen nur noch sehr selten ein monolithisches Programm. Meist gibt es mehrere Komponenten, wie Datenbank, Applikationsserver, Client, Reportgenerator usw. Und meistens schreibt auch jede dieser Komponenten ihre eigene Log-Datei.

Damit beginnt auch schon ein Anwenderproblem, welches Entwickler häufig außer Acht lassen: wo bitte schön sind die jeweiligen Protokolldateien zu finden – und wie kann man als Anwender, der oft keine Rechte hat, auf Betriebssystemebene nach Dateien zu forschen, darauf zugreifen?

DV-technisch ist es ganz sicher kein Hexenwerk, irgendwo einen Menüpunkt „Protokolldateien zeigen" zu installieren. Und dabei am besten auch noch die Option anzubieten, nur Einträge ab einem bestimmten Schweregrad anzuzeigen.

Und gleich noch eine Anmerkung: Bei vielen Systemen wachsen die Protokolldateien mit der Zeit ins Unendliche, wenn sie nicht zwischendurch manuell gelöscht werden. Dies erfordert nicht nur einen überhaupt nicht wertschöpfenden manuellen Eingriff, sondern auch entsprechende Zugriffsrechte, die Anwender häufig nicht haben. Deutlich anwenderfreundlicher wäre eine Protokolllogik, die alte Einträge einfach überschreibt. Um es jedem Anwender recht zu machen, kann man ja irgendwo einen Parameter eintragen, der definiert, nach wie viel Tagen Einträge als „alt" gelten sollen.

Eine weitere Randbemerkung: Bitte nie Sätze wie „kein Fehler gefunden" in eine Log-Datei schreiben. Viele Systemverantwortliche auf Kundenseite schauen sich nur die Log-Dateien an, in denen „alarmierende Begriffe" wie eben das Wort „Fehler" auftauchen. Was im geschilderten Beispiel zu einem „Fehlalarm" und zu einem völlig überflüssigen Nachschauen in dieser Log-Datei führen würde.

Aufwandsschätzungen

Die nachfolgende Liste heute üblicher Schätzmethoden[19] dürfte leider nur zu realistisch sein:

- Zufällige Annahme. Vielleicht die am häufigsten angewendete Methode. Der Vorteil dieser Methode ist, dass sie schnell ist und keine spezielle Schulung erfordert.
- Das wissende Auge. Bei dieser Methode sieht sich der Entwickler die bereitgestellten Informationen an und nennt, nachdem er mit einem wissenden Blick einige Minuten die Decke angesehen hat, seinen Preis. Auf Nachfrage erklärt der Entwickler herablassend: „Weil ich es weiß". In dieser Methode sind vor allem die großen Beratungsunternehmen gut, unsere Erfahrungen damit sind aber weniger positiv.
- Preis pro Seite. Der nächste Schritt ist, ein Pflichtenheft oder eine andere Dokumentation zu erstellen und einen Preis je Seite zu nennen, so wie es Ihr Geschichtslehrer tat, wenn er Ihre Zensur vom Umfang Ihrer Hausarbeit abhängig machte.
- Verdoppeln und erhöhen. Bei dieser etwas anspruchsvolleren Methode sind spezielle Kenntnisse über den Kalender sowie der Arithmetik erforderlich. Im ersten Schritt erstellen Sie eine erste Schätzung. Dies geschieht in der Regel mit einer der ersten beiden Methoden. Dann wird der Wert verdoppelt und die Maßeinheit um eine Stufe erhöht. Ein Auftrag, der bei der ersten Schätzung zwei Tage Arbeit ergibt, wird also auf vier Wochen terminiert, während ein Halbjahresprojekt in der Endschätzung zwölf Quartale ergibt.
- HMDILY. Wir wären keine Softwareentwickler, wenn wir nicht über einige Akronyme verfügen würden. Hier ist das erste von zwei, „Hum-dilly" ausgesprochen. Dabei errechnet sich das Ergebnis folgendermaßen: 35 % für die Erstellung der Software, 25 % für anderes, 20 % für vier Probleme sowie 10 % für die Erstellung der Klassen. Und die letzten 10 %? Das kommt darauf an, wie sehr Sie den Kunden mögen. Dementsprechend steht das Akronym dieser Methode für „How Much Do I Like You?". Seien wir ehrlich. Jeder hat einige Kunden, mit denen die Zusammenarbeit weniger Spaß macht. Es handelt sich hier um eine Methode, die rund um die Welt allgemein gebräuchlich ist.

■ HMDYH. Diese Methode wurde zuerst von Anwälten eingesetzt. Das Akronym steht für „How Much Do You Have? ". Es handelt sich hier um eine ausgezeichnete Schätzmethode – wenn Sie Ihre Schätzung durchsetzen und sich auch am nächsten Morgen noch im Spiegel betrachten können.

Aufwandsschätzungen sind und bleiben ein sehr heikles Thema. Zu einem sehr frühen Zeitpunkt, zu dem man allenfalls eine sehr grobe Vorstellung vom Zielsystem hat, soll man eine Zahl nennen, die dann gleich verbindlich ist – die entscheidende Basis für den Preis der zu erstellenden Software.

Der tatsächlich anfallende Aufwand hängt von einer Vielzahl von Faktoren ab. Selbst wenn man – was häufig nicht der Fall ist – genau weiß, was alles letztlich abzuliefern ist, fällt es meistens sehr schwer, realistisch abzuschätzen, wie viel Aufwand hieraus resultiert. Denn dieser wird unter anderem davon abhängen, wie viel Erfahrung der jeweilige Entwickler für seine Aufgaben mitbringt, wie komplex die erforderliche Fehlerbehandlung sein wird, wie viel Abstimmungen mit dem Auftraggeber erforderlich sein werden, wie viel nicht vorhergesehene Probleme auftreten, welche weiteren Risiken eintreten oder nicht und so weiter, und so weiter.

Zwar gibt es die zwei wichtigsten algorithmischen Schätzverfahren, Function Point (1979) und COCOMO (1981) schon seit über fünfundzwanzig Jahren, doch nach allen mir bekannten Veröffentlichungen werden solche Verfahren in Deutschland nur sehr selten eingesetzt – vermutlich, weil sie erst aufwendig kalibriert werden müssen, um damit brauchbare Prognosen erzielen zu können. Dazu müssen abgeschlossene Projekte nachkalkuliert und analysiert werden, um eine hinreichend zuverlässige Datenbasis für den Algorithmus zu ermitteln.

Die wohl meist verwendete Alternative zu den algorithmischen Schätzverfahren ist die sogenannte „Expertenschätzung". Hierbei schätzt jemand mit mehr oder weniger Erfahrung aufgrund derselben und / oder durch Vergleich mit in der Vergangenheit abgewickelten Projekten den erforderlichen Aufwand.

Dabei wird viel zu häufig von zu optimistischen Annahmen ausgegangen, weshalb es sich in vielen Firmen eingebürgert hat, die Expertenschätzung mit einem „Erfahrungsfaktor", der meist zwischen 2 und 5 liegt, zu multiplizieren.

Die Drei-Punkt-Schätzmethode

Wie lange brauchen Sie für den Weg zwischen Wohnung und Arbeitsstätte? Wenn dieser nicht bequem zu Fuß oder mit dem Fahrrad bewältigt werden kann, wird Ihre Antwort auf diese Frage vermutlich nicht aus einer einzigen Zeitangabe bestehen – vielmehr werden Sie wohl etwa wie folgt antworten: Wenn ich morgens vor 7 Uhr aufbreche, schaffe ich den Hinweg in einer halben Stunde. Zurück sind es meist zwischen 45 und 60 Minuten – und wenn es einen Stau gibt, können es auch mal eineinhalb Stunden werden.

Sie kennen also so etwas wie eine kürzeste Variante, eine häufigste Variante und eine längste Variante.

PERT [Project evaluation and review technique] wurde 1958 von der US-Navy als Technik zum Schätzen und Planen großer Projekte entwickelt. Auch diese Methode nutzt den Ansatz, als Aufwand für eine Aufgabe nicht nur einen Wert, sondern jeweils einen

■ optimistischen Wert
■ wahrscheinlichen Wert
■ pessimistischen Wert

zu schätzen. Hieraus ergibt sich nach der PERT-Formel ein *„Erwartungswert"* als

$$\text{Erwartungswert} = \frac{\text{optim. Wert} + 4*\text{wahrsch. Wert} + \text{pessim. Wert}}{6}$$

Die Standardabweichung der Einzelaktivitäten kann durch die Formel

$$s = \frac{\text{pessim. Wert} - \text{optim. Wert}}{6}$$

hinreichend angenähert werden.

Für das gesamte Projekt erhält man durch Aufsummieren

$$\text{Erwartungswert}_{\text{Projekt}} = \sum \text{Erwartungswert}_{\text{Aktivität}}$$

$$\text{Varianz}_{\text{Projekt}} = \sum (s_{\text{Aktivität}})^2$$

$$\text{Standardabw}_{\text{Projekt}} = \sqrt{\text{Varianz}_{\text{Projekt}}}$$

Mehr an Formeln mute ich Ihnen nicht zu – vielmehr kommt jetzt endlich ein Beispiel, welches verdeutlicht, wozu all dies gut sein soll.
Dargestellt ist ein einfaches Projekt mit zehn Aktivitäten. Für jede Aktivität wurde der Aufwand der erforderlichen Personentage geschätzt:

Projekt 1

Aktivität	opt.	wahr.	pess.	EW	s	Varianz	
1	20	40	100	46,7	13,3	177,8	
2	15	25	40	25,8	4,2	17,4	
3	15	30	40	29,2	4,2	17,4	
4	5	10	20	10,8	2,5	6,3	
5	20	30	50	31,7	5,0	25,0	
6	30	50	75	50,8	7,5	56,3	
7	25	40	50	39,2	4,2	17,4	
8	20	30	50	31,7	5,0	25,0	
9	15	20	90	30,8	12,5	156,3	
10	5	10	20	10,8	2,5	6,3	**St.abw.**
Projekt	170	285	535	**307,5**		504,9	22,5

Die letzte Zeile der Tabelle zeigt einen Erwartungswert von 307,5 Tagen – d. h., Normalverteilung angenommen, mit 50 % Wahrscheinlichkeit wird das Projekt mit einem Aufwand von höchstens 308 Tagen abgeschlossen.
Sie zeigt außerdem, dass der wahrscheinliche Wert (285 Tage) um genau eine Standardabweichung unter dem erwarteten Wert liegt. Was, wiederum unter der Annahme einer Normalverteilung, bedeutet, dass lediglich mit 16 % Wahrscheinlichkeit das Projekt in höchstens 285 Tagen abgeschlossen ist. Dabei hätten wohl die meisten Projektleiter diesen Wert als Schätzwert genommen.

Modifizierte Schätzung

Auch für Softwareentwicklung gilt die Erkenntnis „Erstens kommt es anders, zweitens als man denkt". Hier geht etwas schneller als erwartet, dort tritt etwas Unvorhergesehenes ein, irgendwo bleibt ein erwarteter Effekt aus – es ist völlig normal, dass der tatsächliche Aufwand und die tatsächlich benötigte Zeit für eine Aufgabe von den Planzahlen abweichen.

Kritisch wird es dann, wenn in Summe sich nicht etwas mehr Aufwand bei einer Aufgabe mit etwas weniger bei einer anderen kompensiert, sondern sich insgesamt deutlich mehr Aufwand abzeichnet.

Die typische Projektleiterreaktion hierauf ist Hoffnung: „das werden wir wieder reinholen, wir machen ein paar Überstunden, und im Bereich xy haben wir sicher einen Puffer". Doch spätestens, wenn auch nach der nächsten Berichtsperiode keine Besserung erkennbar ist, muss der Projektzeitplan angepasst werden.

Dies aber bitte nicht in der Form, dass einfach die schon bekannte Verzögerung in den Zeitplan eingetragen und alles Weitere entsprechend nach hinten verschoben wird. Solch ein Ansatz führt fast sicher dazu, dass sich dieses Spiel in der nächsten und jeder weiteren Berichtsperiode wiederholen wird – und daher niemand mehr den Projektzeitplan ernst nehmen wird. Was insbesondere bedeutet, dass auch niemand seriös planen kann, wann denn die fertiggestellte Software einsetzbar ist.

Wichtig ist jetzt zweierlei: Zum einen gilt es, herauszufinden, was den Zeitverzug verursacht hat und was ein realistischer neuer Fertigstellungstermin für die verzögerte Aktivität ist. Fast noch wichtiger ist aber zum anderen, herauszufinden, ob das aufgetauchte Problem nicht außerdem darauf hinweist, dass auch grundlegende Annahmen für die Aufwandsschätzung weiterer Aktivitäten sich als falsch herausgestellt haben. Das heißt, alle Aufwände für noch nicht fertiggestellte Aktivitäten müssen erneut plausibilisiert werden.

Zusammengefasst bedeutet dies: Bevor ein Projektleiter einen neuen Zeitplan veröffentlicht, soll er sicher sein, dass die folgenden Voraussetzungen gegeben sind:[20]

- Der ursprüngliche Zeitplan ist nicht mehr erreichbar.
- Die Probleme, die den Zeitverzug verursachen, sind verstanden, und sinnvolle Lösungen sind bekannt.
- Der vorgeschlagene geänderte Zeitplan ist erreichbar.

▪ Die Mitarbeiter, die ihn umsetzen müssen, haben sich zu dem vorgeschlagenen neuen Zeitplan verpflichtet.

Meilenstein-Trend-Analyse

Unter all den vielen Werkzeugen für einen Projektleiter ist die Meilenstein-Trend-Analyse einer meiner Favoriten. Warum? Weil sie genial einfach ist und doch sehr anschaulich, auch für jeden Laien verständlich, die Entwicklung des Projektfortschritts anzeigt.

Die einzige Voraussetzung ist ein möglichst realistischer Projektzeitplan mit klar definierten Meilensteinen, also Zeitpunkten, an denen bestimmte Projektergebnisse fertiggestellt sein sollen.

Ausgehend von diesen Meilensteinen werden zunächst auf einem Blatt in der Vertikalen die Plantermine eingetragen – je nach Projektgröße am besten in einem Wochen- oder Monatsraster.

Zu regelmäßigen Berichtszeitpunkten, die auf der Horizontalen aufgetragen werden, wird für jeden Meilenstein der nach neuestem Stand der Dinge erwartete Fertigstellungstermin eingetragen. Für jeden Meilenstein werden die erwarteten Zieltermine der einzelnen Berichtszeitpunkte durch eine Linie verbunden.

Das klingt viel komplizierter, als es ist; grafisch sieht es beispielsweise so aus wie auf S. 28.

Pro Meilenstein entsteht so eine Kurve, die den Trend darstellt:
▪ Steigender Kurvenverlauf bedeutet Terminverzug.
▪ Fallender Kurvenverlauf bedeutet vorzeitige Fertigstellung (ggf. zu hohe Puffer einkalkuliert).
▪ Eine horizontale Kurve zeigt an, dass das Projekt genau im Plan liegt. Im Beispiel zeigt der Verlauf für den 3. Meilenstein, dass nach dem dritten Berichtszeitpunkt Probleme erkannt wurden, weshalb der Termin nach hinten verschoben wurde, dann erfolgreich gegengesteuert werden konnte, so dass zumindest ein Teil des ursprünglich befürchteten Verzugs wieder aufgegangen werden konnte und dieser Meilenstein von dort an planmäßig abgeschlossen wurde.

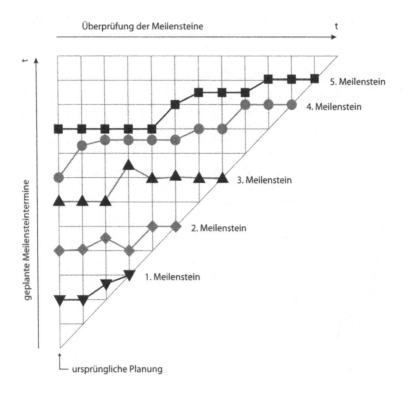

Überprüfung der Meilensteine t

geplante Meilensteintermine

5. Meilenstein
4. Meilenstein
3. Meilenstein
2. Meilenstein
1. Meilenstein

ursprüngliche Planung

Risikomanagement

Etwas wird schiefgehen. Bekanntlich kann man ja nie so dumm denken, wie es dann kommt. Risikomanagement ist ein essenzieller Teil des Projektmanagements und ganz sicher weder schnell noch einfach machbar. Trotzdem will ich hier ein paar grundlegende Vorgehensweisen kurz auflisten.

Damit Sie nicht gänzlich auf dem falschen Fuß erwischt werden, sollten Sie sich vorab überlegen, welche Risiken Sie schon jetzt für absehbar halten und welche Maßnahmen zum Gegensteuern oder Abmildern es gibt.

Beispielhafte geeignete Fragen zur Riskoanalyse sind:[21]

- Welche Risiken können wir identifizieren?
- Wie groß ist die Wahrscheinlichkeit, dass ein Risiko eintritt?
- Wie hoch wird der Schaden möglicherweise sein?
- Wie hoch kann der Schaden im schlimmsten Fall sein?
- Gibt es Alternativen ohne dieses Risiko?
- Entstehen durch die Alternativen andere Risiken?
- Können mögliche Verluste reduziert oder ganz vermieden werden?

Die Ergebnisse trägt man dann einfach in ein Raster etwa folgender Form ein:

Element	Das kann passieren	Wahrscheinlichkeit	Auswirkungen (Schaden)	So merkt man es	Maßnahmen
Funktionalität	Anforderungen nicht klar definiert				
	„Goldene Wasserhähne"				
Mitarbeiter	ohne ausreichende Erfahrung				
	nicht motiviert				
...					

Ganz häufig werden Wahrscheinlichkeit und Schaden jeweils mit einer Ziffer, meist zwischen 1 und 3 oder sogar zwischen 1 und 10 bezeichnet, wobei die höchste Ziffer auch die höchste Wahrscheinlichkeit bzw. den höchsten Schaden bezeichnet. Ganz typisch ist es, dann eine Risikokennzahl als Produkt dieser beiden Ziffern zu berechnen und vorrangig Maßnahmen für die Risiken mit der höchsten Risikokennzahl zu planen.

Diese Multiplikation ist genau genommen eine völlig willkürliche Vorgehensweise, um zu einer Priorisierung zu gelangen. Wenn es Ihnen besser gefällt, können Sie die beiden Werte genauso gut auch addieren.

So wie es grob fahrlässig wäre, die Risiko-Betrachtung völlig außer Acht zu lassen, sollte man das Spiel auch nicht übertreiben. Vor Jahren habe ich bei einem Kunden jemanden kennengelernt, der anscheinend nichts lieber machte als „Analysen potenzieller Probleme". Knapp zwei Wochen lang fand das Projektteam diese Analysen auch wichtig und hilfreich – als man sich jedoch langsam den unerwünschten Auswirkungen verstärkten Monsunregens in Indien und der Kaufkraftschwächung durch schon wieder erhöhte Versicherungssteuer näherte, streikten die anderen Teammitglieder.

In der Praxis ist es meist ausreichend, sich auf die zehn wichtigsten Risiken zu konzentrieren – wobei diese „Top 10"-Liste sich im Laufe des permanenten Risikomanagements mehrfach ändern dürfte und sollte:

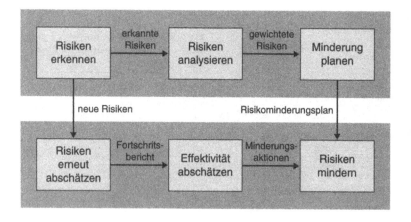

Sollten Ihnen auch nach längerem Überlegen keinerlei Risiken einfallen, starten Sie doch einfach mit der Liste der schlimmsten Probleme in den letzten Projekten. Oder werfen Sie einen Blick auf die nachstehende Tabelle. Sie enthält die zehn wichtigsten Quellen für Risiken in Softwareprojekten. Wobei jedem Risiko gleich noch Techniken zugeordnet sind, mit denen man Risiken vermeidet oder überwindet:[22]

Risikoelement	Risikomanagement-Techniken
1. Personelle Defizite	• Hochtalentierte Mitarbeiter einstellen • Teams zusammenstellen
2. Unrealistische Termin- und Kostenvorgaben	• Detaillierte Kosten- und Zeitschätzung mit mehreren Methoden • Produkt an Kostenvorgaben orientieren • Inkrementelle Entwicklung • Wiederverwendung von Software • Anforderungen streichen
3. Entwicklung von falschen Funktionen und Eigenschaften	• Benutzerbeteiligung • Prototypen • Frühzeitiges Benutzerhandbuch
4. Entwicklung der falschen Anwender-/Benutzerschnittstelle	• Prototypen • Aufgabenanalyse • Benutzerbeteiligung
5. Vergolden der Funktionen (über das Ziel hinausschießen)	• Anforderungen streichen • Prototypen • Kosten-Nutzen-Analyse • Entwicklung an den Kosten orientieren
6. Kontinuierliche Anforderungsänderungen	• Hohe Änderungsschwelle • Inkrementelle Entwicklung (Änderungen auf spätere Erweiterungen verschieben)
7. Defizite bei extern gelieferten Komponenten	• Leistungstest • Inspektionen • Kompatibilitätsanalyse
8. Defizite bei extern erledigten Aufträgen	• Prototypen • Frühzeitige Überprüfung • Verträge auf Erfolgsbasis

9. Defizite in der Echtleistung	• Simulation
	• Leistungstest
	• Modellierung
	• Prototypen
	• Instrumentierung
	• Tuning
10. Überfordern der Software-technik	• Technische Analyse
	• Kosten-Nutzen-Analyse
	• Prototypen

Ach ja, noch ein ganz netter Test: Bitten Sie alle Projektbeteiligten, spontan, ohne Abstimmung und ohne irgendwo nachzuschlagen, die Ziele des Projektes aufzuschreiben. Vermutlich werden Ihnen beim Lesen die Haare zu Berge stehen!

Problemmanagement

Etwas wird schiefgehen. Bekanntlich kann man ja nie so dumm denken, wie es dann kommt. Richtig, genau so begann schon das letzte Kapitel. Doch auch das beste Risikomanagement kann nicht verhindern, dass Probleme auftauchen. Daher ist es äußerst wichtig, diese früh zu erkennen, zu priorisieren und entsprechend ihrer Priorität zu beheben.[23]

Ein pragmatischer Weg zum Erkennen ist folgender: Die oberste Projektleitung bittet alle Mitarbeiter der nächsten Hierarchiestufe, die aus ihrer Sicht jeweils drei wichtigsten Probleme zu benennen. Diese Meldungen werden zu einer Liste zusammengefasst – und dann wieder von allen, die Meldungen erstellt haben, priorisiert. Somit erkennt man schnell, was aktuell die top drei oder top fünf Probleme sind. Diese sollten für alle Mitarbeiter klar und deutlich sichtbar veröffentlicht werden – zum Beispiel an einer Wandtafel im Gang vor dem Projektleitungsbüro.

Wie kommt man jetzt einer Lösung des Problems näher? Stoßseufzer wie „Man müsste Klavier spielen können" führen bekanntlich nicht zu einer Änderung des Sachverhaltes – weil sich niemand direkt angesprochen fühlt. Daher ist es zwingend nötig, für jedes der drei bis fünf Probleme auf der Liste genau einen für die Lösung verantwortlichen Mitarbeiter zu benennen. Dieser muss als Erstes einen von allen Beteiligten akzeptierten Lösungsplan ausarbeiten – und der Status der Umsetzung muss täglich von der Projektleitung verfolgt werden.

Eine große Gefahr, ja, man kann fast sagen Versuchung für Projektleiter besteht darin, sich selbst auf das Lösen von Problemen zu stürzen. Dies führt meist zu gleich zwei negativen Konsequenzen:

Zum Ersten gibt es die starke Verlockung, zunächst die weniger komplizierten Probleme anzugehen, da sich diese leichter lösen lassen. Und in kurzer Zeit eine ganze Reihe von Problemen gelöst zu haben, gibt einem zunächst ein gutes Gefühl. Nur leider bewirkt dieses Verhalten auch, dass die wirklich dringenden Probleme liegen bleiben.

Zum Zweiten führt dieser Ansatz dazu, dass sehr bald für fast alle Arten von Problemen der Projektleiter als derjenige angesehen wird, der sie zu lösen hat. Damit wird der Projektleiter zum Engpassfaktor – bei ihm stauen sich die Probleme, und zu seiner eigentlichen Arbeit kommt er überhaupt nicht mehr.

Je nach Komplexität und Größe eines Projektes sollte die „Hitliste der Probleme" etwa alle ein bis zwei Wochen neu zusammengestellt werden. Und durch Vergleich der aktuellen Hitliste mit der des Vormonats erkennt man schnell, ob die wesentlichen Probleme auch wirklich gelöst wurden.

Sollten Punkte aus dem Vormonat immer noch auf der Liste zu finden sein, ist dies ein nachhaltiges Indiz dafür, dass das eigentliche Problem nicht gelöst, sondern lediglich an den Symptomen korrigiert wurde.

In weiser Voraussicht

Auch diese Situation kennen Sie sicherlich: Obwohl Sie eigentlich wissen, wie es richtig geht oder worauf zu achten ist, haben Sie einen Fehler gemacht – so einen richtig dummen Flüchtigkeitsfehler –, der aber schon deutlich spürbare negative Auswirkungen hat. Zwar versuchen Ihre Kollegen, Sie mit Aussagen wie „Das kann doch jedem mal passieren" zu trösten – aber tief im Inneren denken Sie, dass es doch eigentlich etwas geben sollte, was verhindert, dass dies jedem passieren kann.

Ein kleines Beispiel für so einen Fall: eine datenbankgestützte Applikation, lauffähig unter Windows. Der große Vorteil für Entwickler wie Anwender mit solchen Datenbanken ist, dass man damit alles machen kann, was der Datenbankhersteller unterstützt. Also kann die Datenbank auch auf einer UNIX-Maschine betrieben werden.

Nun ist die Bedeutung eines Softwaresystems für den Hersteller diametral entgegengesetzt zur Bedeutung für den Anwender. Wirklich wertvoll aus Sicht des Herstellers ist der Programm-Quellcode, Daten werden nur für Testzwecke benötigt und können jederzeit neu erstellt werden. Dagegen sind aus Sicht des Anwenders die Daten das wirklich wertvolle – die Programme wird er im Falle von Beschädigung oder Verlust problemlos vom Hersteller anfordern können.

Und da es kein technisches System gibt, welches garantiert ausfallsicher ist, sollten die Daten des Anwenders regelmäßig gesichert, d. h. auf einen zweiten Datenträger kopiert werden. Bei datenbankgestützten Systemen erreicht man dies ganz einfach durch einen Export der Datenbankinhalte.

Zurück zum Beispiel. Für den Export gab es eine kleine Bedienoberfläche, die sicherstellte, dass für den Export und Re-Import von Daten ganz bestimmte Datenbankparameter gesetzt sind, die für das korrekte Funktionieren der Anwendung unbedingt gebraucht werden. Doch wenn man eine auf einer Unix-Maschine laufende Datenbank von einem Windows-Rechner aus exportiert, dauert dies spürbar länger als ein Export direkt auf die Unix-Maschine. Also wollte jemand auf Anwenderseite Zeit sparen und rief direkt auf der Unix-Seite die Export-Werkzeuge des Datenbankherstellers auf. Etwas später nahm er denselben Weg für einen Import – nur leider ohne die erforderlichen Parameter, was in diesem Fall zur Verwendung eines falschen Zeichensatzes führte.

Im Grunde ein vorhersehbares Problem: Immer, wenn zwei oder mehrere Komponenten zusammenpassen müssen (Datenbank und Applikation, Client und Server, ...) kann es passieren, dass „nicht verträgliche" Versionen installiert sind oder genutzt werden. Und weil dies so ist, sollte so früh wie möglich, also z. B. bei Programmstart, diese Verträglichkeit geprüft werden – damit nicht später böse Überraschungen auftreten.

Zusätzlich kann es insbesondere bei komplexerer Standardsoftware sehr hilfreich sein, solche Abhängigkeiten detailliert zu dokumentieren.

Schnittstellen

Kennen Sie ein Unternehmen, bei dem nur eine einzige Software von einem einzigen Hersteller genutzt wird? Ich nicht.

Trotzdem entsteht immer neue Software, die nur manuelle Dateneingabe und bestenfalls ein paar Ausdrucke zur Ausgabe vorsieht – mehr nicht.

Spätestens beim zweiten Interessenten wird dann festgestellt, dass dieser die Stammdaten vom System XY importieren und regelmäßig eine Ausgabe im Excel-Format o. Ä. haben möchte.

Nach ein paar Jahren Produktivbetrieb fällt auf, dass die Antwortzeiten dramatisch verbessert werden könnten, wenn es möglich wäre, alte, nicht mehr für den täglichen Betrieb benötigte Daten in ein Archiv auszulagern.

Oft werden, der Not gehorchend, den Kunden nachträglich individuelle Import- und Export-Möglichkeiten angeboten – die dann meistens aufwendig an neue Softwareversionen oder Anforderungen anzupassen sind und oft Probleme haben, die geforderten Datenmengen in der zur Verfügung stehenden Zeit zu übertragen.

(Wie heißt es doch im Volksmund: Schnittstellen sind die Stellen, an denen die Hersteller den größten finanziellen Schnitt machen.)

Eine leistungsfähige Ausgabeschnittstelle ist übrigens sehr häufig eine überaus kostengünstige Alternative zu zahlreichen Auswertungen. Wird beispielsweise das Datenbankschema offengelegt, kann sich jeder Kunde relativ schnell und einfach seine eigenen Auswertungen erstellen – was langfristig insbesondere den Pflegeaufwand bei Standardsoftware drastisch reduziert.

Noch eine Randbemerkung: **Jede** Datenausgabe, sei es als Datei, sei es als Ausdruck, sollte mit der Angabe versehen sein, von wann (Datum + Uhrzeit) die enthaltenen Daten sind – ohne diese Angabe sind Vergleiche von zwei Ausgaben kaum sinnvoll möglich.

Was läuft denn da schief?

„Irren ist menschlich" oder „Nur wer gar nichts macht, macht keine Fehler" sind immer noch häufige Antworten auf die Frage, warum Software fehlerbehaftet ist. Und es gibt wirklich zahlreiche Möglichkeiten für Fehler.

Typische Softwarefehler

Manche Arten von Fehlern tauchen immer wieder auf. Insbesondere bei Spezifikation und Design ist die Gefahr groß, dass ein Algorithmus gewählt wird, der nicht den Anforderungen entspricht oder dass Anforderungen oder Algorithmen falsch umgesetzt bzw. abgebildet werden.

Allein innerhalb der Programmkodierung finden sich häufig:[24]

- *Berechnungsfehler:*
  Komponente berechnet falsche Funktion z. B. Verwendung falscher Variablen, Konstanten oder Operatoren.
  Sehr beliebt: Konvertierungsfehler in FORTRAN oder PL/I. In FORTRAN sind Variablen, die mit I, J, oder K beginnen, implizit als Integer-Variablen deklariert.
- *Schnittstellenfehler:*
  (syntaktische oder) semantische Inkonsistenz zwischen Aufruf und Definition einer Komponente: z. B. Übergabe falscher Parameter
  Sehr beliebt: Vorbedingung einer Funktion wird nicht eingehalten
- *Kontrollflussfehler:*
  Ausführung eines falschen Programmpfades z. B. Vertauschung von Anweisungen, falsche Kontrollbedingungen
  Sehr beliebt: Off-by-one-Fehler: Schleife wird einmal zu oft oder einmal zu wenig durchlaufen
- *Initialisierungsfehler:*
  Falsche oder fehlende Initialisierung
  Sehr beliebt: Zugriff auf nicht initialisierte Variablen
- *Datenflussfehler:*
  Falsche Zugriffe auf Variablen und Datenstrukturen z. B. falsche Arrayindizierung, Zuweisung an die falsche Variable. Sehr beliebt: Pointerfehler, z. B. Zugriff mit NIL-Pointer und / oder Zugriff auf bereits freigegebene Objekte. Außerdem Speicherfehler: doppelte Freigabe oder gar keine Freigabe (memory leak)

■ *Zeitfehler:*
Gefordertes Zeitverhalten wird nicht eingehalten. Implementierung ist nicht effizient genug. Wichtige Interrupts werden zu lange blockiert.

■ *Redefinitionsfehler* (bei OO-Programmen):
geerbte Operation wird nicht semantikerhaltend redefiniert. Ein „Nutzer" der Oberklasse geht von Eigenschaften der aufgerufenen Operation aus, die die Redefinition in der Unterklasse nicht (mehr) erfüllt.

Für fast alle der heute gängigen Programmiersprachen wie C/C++, Java oder Smalltalk gibt es sehr gute Programme zur statischen Codekontrolle, mit denen die meisten solcher Fehler gefunden werden können. Das Programm „FindBugs" für Java ist sogar Bestandteil der Java-Entwicklungsumgebung.

Von daher sollte es eine Selbstverständlichkeit sein, dass alle neu erstellten Progammteile – am einfachsten automatisch nachts in einem Batchlauf – mit so einem Programm kontrolliert werden. Gefundene Fehler sind dann am nächsten Arbeitstag zu beheben – und erst, wenn es keine (gravierenden) Fehlermeldungen vom Prüfprogramm mehr gibt, darf der Code weitergegeben werden.

Weg vom einsamen Programmierer

Coding-Style Standards

Coding-Style Standards sind häufig ein Reizthema. Nicht enden wollende Diskussionen darüber, um wie viele Leerzeichen innerhalb eines Blocks eingerückt werden soll, meterdicke Vorgaben zu Prä- und Postfixen von Variablennamen, unterschiedlichste Interpretationen darüber, wie Kommentare im Quellcode auszusehen haben – (zu) viele Entwickler haben es sich aus solchen und ähnlichen Gründen abgewöhnt, die Coding-Style Standards zu beachten.

Schade eigentlich. Denn das Wesentliche an Coding-Style Standards sind weniger die einzelnen Vorgaben als vielmehr die Vereinheitlichung der Programmierstile. Dies nicht, um den einzelnen Mitarbeiter möglichst stark zu gängeln und ich oder Sie ihn seiner / ihrer Kreativität zu beschränken, sondern um beispielsweise

- die Verständlichkeit des Programmcodes durch klare und eindeutige Namensgebung, Strukturierung und Kommentierung zu erhöhen,
- das Ändern und Erweitern der Programme, insbesondere durch andere Programmierer, zu erleichtern,
- mögliche programmiersprachen-spezifische „Denkfallen" zu vermeiden,
- Fehler durch „falsche Annahmen" zu verhindern – z. B. durch projektspezifische Regeln für Eingangs- und Ausgangszusicherungen für Prozeduren,
- uneffizienten Code zu vermeiden,
- den Einsatz von Pre- oder Postprozessoren zu ermöglichen.

Es gilt also generell die Regel:

You are welcome to use your style. Just not on our project.[25] (Sie können gerne Ihren eigenen Programmierstil verwenden. Nur nicht in unserem Projekt.)

Das Einhalten dieser Standards sollte in Code Reviews geprüft werden.

Vorsicht: Falle!

Speziell für objektorientierte Programmierung gibt es sehr hilfreiche Sammlungen von Indikatoren für typische Entwurfsfehler. Beispiele hierfür sind „Anti Patterns", welche ein Schema von Lösungen
beschreiben, das zwar häufig angewandt wird, aber mehr Probleme
verursacht, als es löst, oder „Bad Smells", welche informell eine Reihe
von Indizien und Hinweisen beschreiben, die auf fehlerhaften Entwurf hindeuten.

Eine problemorientierte Einteilung von häufigen Entwurfsmängeln
zeigt die folgende Übersicht[26]:

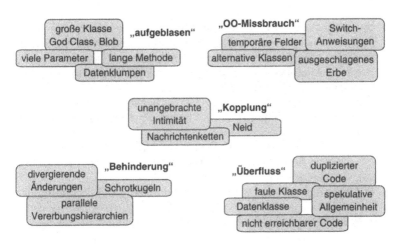

Man muss nun wirklich nicht jeden möglichen Fehler selber machen.
Wenn Sie in einer objektorientierten Sprache entwickeln kann ich
Sie nur ermuntern, sich über die empfohlenen „DOs and DONTs" für
diese Sprache zu informieren und sicherzustellen, dass diese allen
Programmierern bekannt sind.

Reviews

Den Begriff „Review" verwende ich hier für jede Art von manueller
„Prüfung" des Quellcodes durch jemand anderes als den Autor –
unabhängig davon, ob es genau genommen ein Peer-Review, ein Code
Walkthru oder was auch immer ist.

In einem Review wird schwerpunktmäßig geprüft, ob das vorliegende Dokument
- korrekt,
- angemessen,
- vollständig,
- verständlich (Vorbedingung für Wartbarkeit) sowie
- frei von logischen Widersprüchen

ist.

Reviews sind ein überaus effizienter und effektiver Weg, Mängel in fast jeder Art von Produkt zu entdecken. Einige eindrucksvolle Beispiele hierfür sind:[27]
- Im „Inspection Programm" von Hewlett-Packard wurde ein „return on investment" von 10:1 gemessen, was geschätzte Ersparnisse von 21,4 Millionen US-Dollar pro Jahr bedeutet. Durch Design-Inspektionen konnte die Zeit bis zur Marktreife in einem Projekt um 1,8 Monate verringert werden.
- Inspektionen haben zu zehnfacher Verbesserung der Qualität und 14 Prozent Zunahme der Produktivität bei AT&T Bell Laboratories beigetragen.
- Die Inspektion von 2,5 Millionen Echt-Zeit-Code bei Bell Northern Research vermied durchschnittlich 33 Stunden Wartungsaufwand je entdecktem Fehler.
- IBM berichtet, dass jede für Inspektionen aufgewandte Stunden 20 Stunden Test und 82 Stunden Nacharbeitsaufwand einspart, die erforderlich gewesen wären, wenn das ausgelieferte Produkt mit den gefundenen Problemen behaftet gewesen wäre.
- Bei Imperial Chemical Industries betrugen die Wartungskosten einer Gruppe von rund 400 Programmen, die inspiziert worden waren, ein Zehntel der Kosten pro Quellzeile einer ähnlichen Gruppe von 400 nicht inspizierten Programmen.

Darüber hinaus gilt, dass ein Mensch bei einem Review unklare Fehlermeldungen, unzulängliche Kommentare, im Quellcode fest verankerte Variablenwerte und wiederkehrende Code-Strukturen leicht erkennen kann – im Gegensatz zu einem automatischen Test.

Speziell wiederkehrende Code-Strukturen sind ein zweifaches Alarmzeichen: Sie erschweren es, den Code zu warten, weil Änderungen mehrfach an verschiedenen Stellen durchgeführt werden müssen und es sehr wahrscheinlich ist, die eine oder andere dieser Stellen zu vergessen.

Und sie sind ein nachhaltiges Indiz dafür, dass hier schon vorhandener Code zwar kopiert, aber nicht wirklich kapiert wurde – andernfalls wäre zu erwarten gewesen, dass der Entwickler nur eine zentrale Routine implementiert hätte.

Ein Zusatzeffekt des Reviews dürfte sein, dass ein Programmierer seinen Code genauer prüft, wenn er weiß, dass dieser durchgesehen werden wird.

Essenziell für die Wirkung eines Reviews ist der Dialog. Sei es, dass zwei Kollegen zusammensitzen und der eine dem anderen Zeile um Zeile sein Programm erklärt, sei es, dass mehrerer Reviewer unabhängig voneinander erst allein den zu reviewenden Code lesen und sich dann gemeinsam darüber austauschen, was ihnen aufgefallen ist – in solchen Gesprächen wird schnell erkannt, wo falsche Überlegungen angestellt wurden, wo „gefährliche" Konstrukte verwendet wurden oder auch wo noch Klärungsbedarf herrscht (ein wiederkehrendes Thema hier sind beispielsweise die Vor- und Nachteile der verschiedenen Möglichkeiten der Fehlerbehandlung in der verwendeten Programmiersprache).

Meine Erfahrung mit Reviews ist, dass die Teilnehmer zunächst unsicher sind, vor allem nicht den Vorgaben entsprechende Variablennamen monieren und die ganze Veranstaltung für Zeitverschwendung halten – bis dann nach etwa fünf bis acht Sitzungen der Knoten platzt und ein ernsthafter und sinnvoller Erfahrungsaustausch stattfindet.

Ganz wichtig ist es, nicht möglichst viel Code in möglichst wenig Zeit abarbeiten zu wollen. Eine „ergiebige" Review-Sitzung sollte etwa 60–90 Minuten dauern und maximal 500 Codezeilen behandeln.[28]

Pair Programming

Wer kennt das nicht? Man hat lange an etwas herumgeknobelt und wollte dann seine Erkenntnisse stolz einem Freund erzählen. Und muss dann feststellen, dass manches, was einem gestern noch so klar vorkam, sich heute nicht so recht verständlich in Worte fassen lässt. Und auf zahlreiche der Fragen und Einwürfe, die der Freund macht, hat man zunächst auch keine überzeugende Antwort.

Das Gute an dieser Art von Gesprächen ist, dass man sich meist iterativ auf eine Lösung zubewegt. Weshalb dann auch beide Gesprächspartner zum Schluss zu Recht stolz auf und zufrieden mit der gefundenen Lösung sind.

Der Ansatz, eine Arbeit zu zweit zu machen und dabei wechselseitig gleich zu prüfen, ob das Ergebnis den Erwartungen entspricht, ist unter dem Namen Paarprogrammierung (pair programming) ein grundlegendes Element von „eXtreme Programming". Dabei arbeiten jeweils zwei Programmierer Seite an Seite an einem Rechner am selben Design, Algorithmus, Code oder Test[29]. Einer, der Programmierer, der sogenannte Driver, hat dabei die Kontrolle über Keyboard und Maus und ist mit der Eingabe der Implementierung befasst; der andere, der Navigator, denkt strategischer. Während der Driver sich hauptsächlich mit der aktuellen und konkreten Implementierung befasst, behält der Navigator das Ziel im Auge und denkt darüber nach, ob dieses auf die momentan von ihnen angenommene Weise erreichbar ist. Er macht sich Gedanken über das Design und passt auf, dass so einfach und verständlich wie möglich und nur so viel wie nötig implementiert wird. Er verfolgt zu diesem Zweck die ganze Zeit, was der Driver gerade macht und hilft ihm dabei, u. a. auch durch einfache Dinge wie das Entdecken von Tipp- und Syntaxfehler oder Abweichungen von Programmierstandards.

Die beiden Partner entwickeln alles gemeinsam. Keine Zeile Code wird verfasst, ohne dass der Partner anwesend und einverstanden ist. Sie diskutieren dabei über die verschiedenen Möglichkeiten und bringen so jeder sein Wissen und seine Erfahrung ein. Auch wird Missverständnissen vorgebeugt, da jedes Vorgehen mit dem Partner besprochen wird. Während der Driver implementiert, erklärt er stets, was er gerade macht; sein Partner stellt gegebenenfalls Zwischenfragen und bringt Vorschläge ein.

Diese beiden Rollen – Driver und Navigator – werden während des Entwicklungsprozesses beliebig zwischen den beiden Programmierpartnern getauscht. Beide Partner sind, unabhängig von ihren Programmierkenntnissen, vollkommen gleichberechtigt und nehmen zu jeder Zeit aktiv an der Entwicklung teil[30].

Positive Effekte der Paarprogrammierung sind laut einer Studie:[31]

- *Pair-Pressure* – Durch die Anwesenheit des Partners wird die Konzentration auf die anliegende Aufgabe fokussiert, ein gedankliches Abschweifen ist wesentlich unwahrscheinlicher. Außerdem gaben die Programmierer an, dass sie durch den Partner motivierter waren, Leistung zu zeigen. Durch die indirekte gegenseitige Kontrolle werden Vorgehensweisen und Standards während des Entwicklungsprozesses auch stärker eingehalten, die von einzeln Agierenden in Phasen erhöhten zeitlichen Drucks eher vernachlässigt werden.

▪ *Pair-Think* – Unterschiedliche Herangehensweisen und Erfahrungen der Partner führen zu unterschiedlichen Designvorschlägen, die gegeneinander abgewogen werden, was zu einem besseren Endergebnis führt.

▪ *Pair-Reviews* – Da der geschriebene Code unablässig durch eine zweite Instanz geprüft wird, werden Programmier- und Designfehler stark dezimiert.

▪ *Pair-Learning* – Die gemeinsame Arbeit unterstützt die Fortbildung der beteiligten Programmierer, da von beiden Seiten Lösungen eingebracht werden, die dem jeweiligen Partner eventuell noch unbekannt sind. Da der Driver sein Handeln durchgängig erklären muss, wird sowohl das Wissen um die Hintergründe des Designs als auch das Wissen um die verwendeten Techniken weitergegeben.

Paarprogrammierung ist kein Allheilmittel. Sie kann nur dann erfolgreich sein, wenn sich beide Beteiligte jeweils als gemeinsam verantwortliches Team verstehen, die Rollen regelmäßig gewechselt werden, jeder voll konzentriert arbeitet, den Partner mit einbezieht und offen für Kritik ist. Anders formuliert: Es wird auch immer zwei „Kandidaten" geben, die absolut „nicht miteinander können". Besonders in solchen Fällen sollte Paarprogrammierung nicht von oben her erzwungen werden.

Die meisten veröffentlichten Studien zeigen positive Ergebnisse der Paarprogrammierung, eine Übersicht zeigt folgende Zusammenfassung:[32]

Studie	Ergebnisse
Nosek 1998	PP ist schneller
Williams et al. 2000 Cockburn & Williams 2000	PP ist schneller und führt zu weniger Fehlern, hat aber Mehrkosten
Nawrocki & Wojciechowski 2001	PP ist nicht schneller
Tomayko 2002	PP führt zu Programmen mit geringerer Defektdichte
Heiberg et al. 2003	PP ist gleichwertig mit Partner-Programmierung (zwei Entwickler mit jeweils einem Rechner lösen die Aufgabe in konventioneller Gruppenarbeit)
Müller 2004	PP ist gleichwertig zu Einzel-Programmierung mit Durchsichten

Der Debugger

Wenn es nach mir ginge, gäbe es auf „typischen" Entwicklerrechnern keinen Debugger. Mir scheint dieses Werkzeug mehr Fluch als Segen zu bringen. Zu oft habe ich erlebt, dass Entwickler, mit einer Fehlermeldung konfrontiert, sofort den Debugger starten und glücklich und zufrieden sind, wenn sie nach geraumer Zeit eine Problemstelle gefunden haben. Dann wird die gefundene fehlerhafte Codestelle korrigiert – und mit der nächsten Fehlermeldung beginnt das Spielchen von vorn.

Was ist schlecht daran? So ein Ansatz verhindert, dass Fehlersuche analytisch angegangen wird. Ein Programmierer, der eine Fehlermeldung bekommt und erst einmal überlegt, was in seinem Code zu diesem Phänomen führen könnte, hat eine sehr gute Chance, herauszufinden, wo er in seinen Gedankengängen etwas übersehen hat. Wenn ihm dies gelingt, wird er auch gleich wissen, ob zur Korrektur mehrere Codestellen angepasst werden müssen.

Dagegen gibt einem das Auffinden einer „Problemstelle" mit einem Debugger keinerlei Hinweise darauf, ob es hier noch logische Abhängigkeiten zu andern Codestellen gibt. Also wird der Fehler als „behoben" zurückgemeldet – und irgendwann wird vermutlich ein Anwender auf das nächste Problem stoßen.

Wenn man auch nach langem Nachdenken nicht auf die Ursache des Problems stößt, ist es natürlich gut, dass einem der Debugger dann weiterhelfen kann. Nur leider lassen sich viele Entwickler dazu verleiten, gleich zum Debugger zu greifen.

Für diesen gibt es übrigens auch eine weitere sehr nützliche Einsatzmöglichkeit, das sogenannte „Source Code Tracking": mit dem Debugger Zeile für Zeile durch den neuen Code gehen, bevor er in den bestehenden integriert wird.

Im Team miteinander

So unglaublich es klingen mag, gibt es doch immer noch Mitarbeiter, die sich schwer tun, die banale Frage „Was ist Ihr Beitrag zum Unternehmenserfolg" zu beantworten.
Es ist daher unumgänglich, dass jedem Mitarbeiter

- die wahrzunehmende Rolle und die damit verbundenen Aufgaben,
- die Ziele und Erwartungen sowohl des Vorgesetzten wie des Unternehmens samt zugehörigen zu verwendenden Beurteilungskriterien,
- die administrativen Regeln wie verwendete Methoden oder Kommunikationswege klar sind.

Software wird heute wohl fast immer im Team entwickelt werden, weshalb der ständige Dialog mit Kollegen, Vorgesetzten, Kunden, Anwendern und externen Fachleuten sowie möglichst viel „Umfeldwissen" Grundvoraussetzungen für erfolgreiche Softwareentwicklung sind.

Fast immer hilfreich ist es, Anlässe für informellen Meinungsaustausch zu schaffen. Also nicht nur Räumlichkeiten, die einen Plausch „im Gang" ermöglichen, ohne den Durchgang für andere zu blockieren, sondern auch regelmäßige gemeinsame Unternehmungen – wie beispielsweise ein gemeinsames Essen, bei dem danach auch noch gemeinsam (von Hand) das Geschirr gespült und abgetrocknet wird. Auch nicht schlecht: Besprechungen, die pünktlich etwa fünfzehn Minuten vor der Mittagspause beendet werden.

Für das Miteinander von je zwei Teammitgliedern gilt die alte Erkenntnis, dass die „richtigen" Verhaltensweisen genau die sind, die zur jeweiligen Situation passen – also sowohl zum Kollegen als auch zur Aufgabe, zu den Zielen und dem Zusammenhang dieser Faktoren in einem konkreten Kontext.

Für das gesamte Team sollte es ein paar wenige grundsätzliche Spielregeln zum Umgang miteinander geben. Sehr häufig müssen diese noch nicht einmal irgendwo schriftlich fixiert sein – jeder im Team achtet von sich aus auf „gute Kinderstube" und hält sich daran, so dass es keine größeren Probleme im Umgang miteinander gibt.

Sofort gegensteuern muss man, wenn man folgende „kulturelle Viren"[33] entdeckt.

- keine Wertschätzung der eigenen Zeit und der Zeit der Kollegen
- Verantwortung abschieben
- Unzuverlässigkeit
- keine Balance zwischen Qualität, Quantität und Schnelligkeit

Wert-Defizite

- keine Toleranz
- erst handeln, dann denken
- Lippenbekenntnis 'Teamarbeit'
- ad hoc-Maßnahmen, der Gesamtzusammenhang wird ignoriert

konterkarierende Einstellungen

- Zusagen werden verworfen
- Entscheidungen werden verschleppt und willkürlich umgeworfen
- planloses, chaotisches Handeln
- Risiken werden gescheut bzw. auf andere abgewälzt

störende Verhaltensweisen

So etwas darf nicht unter dem Schleier der Toleranz verborgen bleiben – vielmehr ist es direkt anzusprechen. Am besten zuerst unter vier Augen zwischen dem oder der Betroffenen und dem Projektleiter – wenn das nicht reicht, dann auch in einer größeren Gruppe mit allen, die sich gestört fühlen. Übrigens: Einen störenden, unproduktiven Entwickler aus einem Team zu entfernen, kann die Produktivität stärker verbessern, als einen guten Entwickler hinzuzufügen und den Störenfried im Team zu belassen.

Wie gut oder weniger gut das Team harmoniert, lässt sich mit folgender Checkliste prüfen:[34]

Checkpunkt:

		A	B	C
	Orientierungsphase			
1	Kennt jedes Teammitglied seine Aufgaben, Kompetenzen und Verantwortung?	☐	☐	☐
2	Hat jeder Mitarbeiter die nötigen Sachmittel, für die Projektarbeit?	☐	☐	☐
3	Kennt jeder Mitarbeiter die Arbeiten für die nächsten drei Monate?	☐	☐	☐
4	Weiß jeder Mitarbeiter, welche Zielsetzungen erfüllt werden müssen?	☐	☐	☐
5	Ist das benötigte Wissen vorhanden, um den Projekterfolg sicherzustellen?	☐	☐	☐
6	Wurde der Teamgedanke z. B. während einer Sitzung thematisiert (Motivation)?	☐	☐	☐
7	Wurden die Team-Spielregeln für alle Teammitglieder klar dargelegt?	☐	☐	☐
	Konfrontationsphase			
8	Akzeptiert das Projektteam den Führungsstil des Projektleiters?	☐	☐	☐
9	Können Konflikte (Spannungen) ausgetragen werden?	☐	☐	☐
10	Welchen Anlass haben Konflikte – fehlerhafte Prozesse o. Projektorganisation?	☐	☐	☐
11	Haben Konflikte einen persönlichen Ursprung (Konkurrenz, Sturheit etc.)?	☐	☐	☐
12	Gibt es im Projektteam Unklarheiten, die den Projekterfolg verhindern könnten?	☐	☐	☐
	Organisationsphase			
13	Halten sich die Teammitglieder an die Team-Spielregeln?	☐	☐	☐
14	Reden die Teammitglieder offen miteinander?	☐	☐	☐
15	Fühlen sich die Projektmitarbeiter wohl im Team (harmonische Stimmung)?	☐	☐	☐
	Optimierungs- / Leistungsphase			
16	Werden Probleme als Herausforderung wahrgenommen?	☐	☐	☐
17	Ist die Leistungsfähigkeit des Projektteams ausreichend?	☐	☐	☐

A = erfüllt, **B** = nicht erfüllt, **C** = irrelevant

Kommunikation

Wie heißt es doch so richtig im Volksmund: „Sprache ist völlig unge-
eignet für Kommunikation, aber man hat leider noch nichts Besseres
erfunden."

Den inbrünstigen Seufzer „Ich hab's dir doch gesagt!" kennen Sie
sicher zu Genüge. Warum kommt es trotzdem immer wieder vor, dass
wir aneinander vorbei reden? Eine Möglichkeit ist sicher, dass der Empfänger der Botschaft gerade nicht empfangsbereit ist und nicht zuge-
hört hat. Aber vielleicht ist es auch ‚nur' die folgende Kausalkette:[35]

Klippen der Kommunikation:

gesagt	heißt nicht	**gehört**
gehört	heißt nicht	**verstanden**
verstanden	heißt nicht	**einverstanden**
einverstanden	heißt nicht	**behalten**
behalten	bedeutet nicht	**angewandt**
angewandt	bedeutet nicht	**beibehalten**

Es braucht lang anhaltende Übung, bis ein bestimmtes Verhalten „in
Fleisch und Blut" übergeht. Insbesondere wenn neue, bisher unge-
wohnte Verhaltensweisen einzuüben sind, braucht es meist eine
längere Zeit der ständigen Erinnerung, bis das neue Verhalten zur
Regel geworden ist. Ein Beispiel aus dem täglichen Leben, welches Sie
sicher auch schon einmal gesehen haben, sind die zahlreichen gera-
dezu überdimensionalen Schilder, die an Straßen aufgestellt werden,
wenn die Vorfahrtsregelung geändert wird.

Denkweisen von Mitarbeitern

Hier einige „typische" Problembereiche, die die Denk- und Arbeits-
weise von Mitarbeitern in Softwareunternehmen im Hinblick auf
Kunden betreffen. Sie sind im Folgenden kurz – und bewusst etwas
provokativ und überspitzt – charakterisiert[36]:

Besserwisserei	„Der Kunde hat ja doch keine Ahnung."
Ignoranz	„Kundenorientierung: wozu?"
Arroganz	„Kenntnis über den Anwendungsbereich brauche ich nicht."

Starrköpfigkeit	„Vorher haben Sie aber gesagt ..."
Berührungsängste	„Der versteht ja doch nicht, was ich sage."
Der Künstler	„Schöne, neue und geniale Features sind das Wichtigste."
Der König	„Schließlich will der Kunde ja etwas von mir."
Ehrlichkeit	„Nach mir die Sintflut."

Kennen Sie überhaupt nicht? Toll, bei Ihnen herrscht die richtige Einstellung. Wenn Ihnen dies aber bekannt vorkommt, wissen Sie, wo gegengesteuert werden muss – bekanntlich muss der Wurm dem Fisch schmecken und nicht dem Angler.

Wenn ich das gewusst hätte!

Wissen Sie, was ein „Coil" ist? Wenn nicht, ist dies auch nicht weiter schlimm – auch ich verbrachte lange Jahre meines Lebens überwiegend glücklich und zufrieden, ohne dieses Wort zu kennen. In Berührung damit kam ich, als bei der Einführung einer Software eine Firma massive Probleme mit den Möglichkeiten der Umrechnung von Mengeneinheiten reklamierte.

Bis dahin hatte ich in diesem Bereich überhaupt kein Potenzial für Probleme gesehen. Beispielsweise ist die Umrechnung von Kilogramm nach Gramm ganz einfach durch Multiplikation mit dem Faktor 1000 zu erreichen, und auch für die Umrechnung zwischen Gewicht und Anzahl bei Kleinteilen wie Schrauben gibt es je Artikelnummer hinreichend genaue Umrechnungsfaktoren.

Doch zurück zum Coil. In diesem speziellen Fall ging es um große Rollen von aufgewickeltem Blech, aus dem nach Kundenvorgaben kleinere Bleche geschnitten werden sollten. Und eine einfache Umrechnung von Gewicht in Fläche funktionierte deshalb nicht zuverlässig, weil die Blechdicken innerhalb einer Rolle enorm schwankten – zwischen 0 mm (also Löchern im Blech) und etwa 5 mm. Und daraus sollten dann mit möglichst wenig Verschnitt möglichst viel kleinere Bleche mit 3 mm Dicke geschnitten werden.

Es lag auf der Hand, dass hier kein zuverlässiger Umrechnungsfaktor gefunden werden konnte – aber der Anwender wollte wenigstens eine Möglichkeit, pro Coil die „Istwerte" Gewicht, Fläche und „verwertbare Fläche" zu erfassen und sich Quartalsvergleiche der „verwertbaren Flächen" anzeigen zu lassen. Das System sollte also nicht nur einen

Umrechnungsfaktor handhaben können, sondern gewissermaßen eine ganze Zeitreihe von Umrechnungsfaktoren.

Warum erzähle ich das alles? Weil Softwareentwicklung nach meinem Erleben häufig noch wie folgt funktioniert: Jemand, z. B. ein Kunde, schreibt auf, was er haben möchte (ein Lastenheft). Dann machen Analysten daraus ein Dokument, in dem sie beschreiben, wie diese Anforderungen systemtechnisch umgesetzt werden können (ein Pflichtenheft). Hieraus werden einzelne Arbeitsaufträge abgeleitet, die an die einzelnen Programmierer verteilt werden.

Damit erfährt jeder Programmierer aber nur, was die von ihm zu implementierende Funktion leisten soll. Meistens hat er keinerlei Informationen darüber, wie das Umfeld dieser Funktion aussieht, und, vor allem, was eigentlich der Anwender durch diese Funktion erreichen will. Und dies wird letztlich der Maßstab dafür sein, ob aus Anwendersicht die Software brauchbar ist oder nicht.

Übertragen wir diesen Ansatz doch einmal auf technische Geräte. Was würde passieren, wenn Ihnen lediglich die folgenden Funktionsanforderungen an ein Haushaltsgerät bekannt wären:[37]

- Einhalten der üblichen Normbauhöhe und Normbreite
- Gehäuse aus Weißblech oder dekorfähig
- zwei Gerätetypen: einbaufähig oder Standgerät
- standardisierte Schnittstellen zum Wasserzu- und -abfluss nach DIN
- Spülgutbehälter aus nicht rostendem Stahl
- mindestens drei Waschprogramme (intensiv, normal und öko)
- drei Behälter für Reinigungsmittel

Ist Ihnen klar, was der Anwender von Ihnen möchte? Falls ja, gehen Sie bitte noch einmal in sich – ich denke, die Wahrscheinlichkeit, dass Sie das falsche Produkt liefern, beträgt stolze 50 %.

Hätte der Anwender Ihnen gesagt, was sein Problem ist (Warum haben Sie ihn eigentlich nicht gefragt?), würden Sie jetzt wissen, ob „dreckige Wäsche" oder „schmutziges Geschirr" sein Problem ist. Aus der häufig anzutreffenden Abstraktionssicht eines Technikers sind Waschmaschine und Geschirrspüler zwei gleiche Geräte, die man austauschen könnte. Und genau das passiert auch in vielen Softwareprojekten. Es wird so stark abstrahiert, dass das, was den wichtigen Unterschied ausmacht, völlig unter den Tisch fällt.

Die nachfolgend genannten sieben Arten von Informationen können helfen, zu verstehen, was getan werden soll – und ersparen so dem Ausführenden das Gedankenlesen:[38]

1. Der Zweck der Aufgabe (Die höheren Ziele)
2. Was mit der Aufgabe erreicht werden soll (Eine Vorstellung vom gewünschten Ergebnis)
3. Die geplanten Schritte zum Erreichen des Ziels
4. Die Begründung für den Plan
5. Die Kernentscheidungen, die möglicherweise getroffen werden müssen
6. Unerwünschte Ergebnisse, die zu vermeiden sind
7. Einschränkungen und sonstige Erwägungen

Prüfen Sie doch, ob Ihren Programmierern all diese Informationen vorliegen. Mindestens sollten sie auch das Lastenheft kennen. Und wenn es sich um Erweiterungen eines schon produktiv eingesetzten Systems handelt, hilft es sehr viel, Entwickler auch eine Schulung für Anwender besuchen zu lassen – dann lernen sie die typischen Aufgabenstellungen ihres Kunden kennen und können sich besser in diese hineindenken.

Process Communication

Der amerikanische Psychologe und Managementtrainer Dr. Taibi Kahler hat ein Kommunikations- und Persönlichkeitsmodell zur positiven Gestaltung von Kommunikationsprozessen entwickelt, welches heute unter dem Namen „Process Communication Model® – PCM" bekannt ist und in größeren Unternehmen, z. B. der NASA, in mehr als 20 Ländern eingesetzt wird. [39]

Es beschreibt den Umgang mit sich und anderen an Hand von sechs unterschiedlichen Persönlichkeitstypen. Die Grundlage dafür sind die drei Grundwahrnehmungen Denken, Fühlen und Handeln, die jeder von uns in sich trägt. Sie bestimmen, wie wir durchs Leben gehen und was wir vorrangig wahrnehmen. Was Kommunikation erschweren kann, ist die Tatsache, dass diese drei Grundwahrnehmungen in jedem von uns unterschiedlich ausgeprägt sein können.

Unterschiedliche Persönlichkeiten kommunizieren nicht nur unterschiedlich, sondern haben auch unterschiedliche psychische Bedürfnisse und reagieren auch unter Stress unterschiedlich. Das Ergebnis kann im wahrsten Sinn des Wortes „aneinander vorbeireden" sein.

	Macher	Träumer	Logiker	Beharrer	Empathiker	Rebell
Psychische Bedürfnisse	Herausforderungen und Aufregungen	Ruhe und Rückzug	Anerkennung für seine Arbeit, Zeitstruktur	Anerkennung und Respekt für seine Meinung	Anerkennung als Person. „Sinnliche" Umgebung	Spielerischer Kontakt, Spaß
Stärken	Überzeugend, charmant, anpassungsfähig (Verkäufer, Animateure)	Nachdenklich, fantasievoll, ruhig, manuelles Geschick	Verantwortungsvoll, gut organisiert, fleißig, logisch	Seriös, engagiert, gewissenhaft, aufmerksam	Einfühlsam, sensibel, nachdenklich	Kreativ, humorvoll, verspielt, spontan
Erscheinen	Teure und auffällige Kleidung, Schmuck, Accessoires, Autos	Natürlich; praktische und bequeme Kleidung	Klassisch, immer der Situation angepasst	Durchdringender Blick, klassische, qualitativ hochwertige Kleidung	Gepflegt, zarte, gut abgestimmte Farben	Originell, eher auffallend
Auftreten	Bestimmt und direkt	Liebt klare Anweisungen, ergreift nicht die Initiative	Ähnlich wie der Beharrer – reserviert und ernsthaft	Reserviert, ernsthaft	Herzlich, zugewandt, aufmerksam gegenüber den Bedürfnissen anderer, schafft Harmonie	Ungezwungen, fröhlich, lebhaft, bringt andere zum Lachen
Wahrnehmung	Durch Aktion, muss immer sofort etwas „machen"	Durch Reaktion, wird durch äußere Anstöße zum Handeln motiviert	Denkt als Erstes, zählt, ordnet, klassifiziert	Urteilt schnell über Menschen, Dinge und Situationen	Durch Fühlen	Durch Reaktion – spontane Begeisterung oder Ablehnung

Teamverhalten	Agiert am liebsten allein. Team nur, wenn es der Aktion dient	Reservierte Haltung	Sucht Informationen, Austausch lieber in der Zweierbeziehung	Übernimmt gern das Kommando. Meinungsaustausch am liebsten in der Zweierbeziehung. Arbeit in Gruppen vor allem als Leiter		Liebt Gruppenatmosphäre, ohne selbst den Erstkontakt herzustellen
Gefühle	Werden oft als Zeichen von Schwäche interpretiert		Zeigt er nicht, weil er sie für unangemessen hält	Werden als unangemessen betrachtet, besonders im Arbeitsumfeld	Werden ganz natürlich als Kommunikationsmittel eingesetzt	Spontanes Herauslassen der Emotionen
Motivation	Risikobereitschaft, Geld	schätzt Einsamkeit und braucht viel Zeit zum Überlegen, um kreativ zu sein, wird durch Incentives und Personen motiviert	Anerkennung von Leistung, Schulterklopfen, Bonus, Incentives, logische Argumentation	Anerkennung von Leistung, Kommittment zu Zielen	eine angenehme Umgebung, sowohl bzgl. Räumlichkeiten als auch Kollegen	ständiger Gedankenaustausch mit anderen, persönlicher Kontakt, Spaßfaktor
Demotivation	Unentschlossenheit, Schwäche, Konfrontation	unruhige Umgebung, Führungslosigkeit	wenn es zu persönlich wird, wenn Argumente fehlen, Need-to-Know-Prinzip	Selbstherrlichkeit, Machtspiele, Neudefinitionen	auf Fehlern herumreiten, Selbstherrlichkeit	zeitliche Einschränkungen, Prediger
Stressreaktion	Beginnt zu intrigieren, sucht Herausforderungen in anderen Bereichen, bricht Regeln	Wird nicht fertig, „verschwindet" quasi von der Bildfläche	Macht alles selbst, kontrolliert übermäßig; Kritik, Frustration, Beschwerden bzgl. Geld, Fairness und Kollegen	Beginnt einen „Kreuzzug", um seine Meinung durchzusetzen; Selbstgerechtigkeit, verbale Attacken	Jammert, tut noch mehr für andere (bis es wirklich nervt); Selbstzweifel, Kritik	Schimpft, schiebt (allen) anderen die Schuld zu

Da es aber jeder von sich aus gut meint, kommt schnell Ärger (oder auch Verzweiflung) auf, wenn der andere „nicht versteht".

Dieses Modell stellt die Wirklichkeit der Kommunikation in vereinfachter Form dar, um sie besser verstehen können. Jeder Mensch besitzt Anteile von allen sechs „Typen" – manche machen sich stärker bemerkbar, andere weniger. Doch häufig gibt es einen eindeutigen Basistyp. Dann dürfte Ihnen die Tabelle auf den Seiten 54 und 55 helfen beim Umgang mit Menschen, die Sie bisher als „schwierig" empfunden haben, den „richtigen Ton" zu treffen.

Zeitgeist

Als die ersten CDs auf den Markt kamen, wurden sie vom Publikum nicht angenommen – ihre Einführung war erstmal ein Flop. In einem zweiten Anlauf hat es dann doch geklappt. Und heute zeichnet sich schon ihr Aussterben ab – allerdings ist noch nicht klar, ob eher das von der Musikindustrie bevorzugte WMA- oder das von der Mehrheit der Anwender präferierte MP3-Format oder auch ein ganz anders Format die Nachfolge antreten wird.

Die Minidisk hat sich dagegen nie durchgesetzt. Die DVD hat Video verdrängt und wird selbst demnächst durch Blu-ray abgelöst werden.

Bei den Programmiersprachen hat erst C++ der Sprache C den Rang abgelaufen, dann kam Java – und jetzt klopfen Ajax und C# mit .Net an die Tür – noch scheint mir nicht klar, wer sich letztlich als Java-Nachfolger durchsetzen wird.

Diese wenigen Beispiele sollen verdeutlichen, dass es gerade in der Informationstechnologie ständig Neuerungen gibt, von denen manche bisher Bewährtes verdrängen, sich jedoch andere am Markt nicht durchsetzen.

Deshalb ist es ganz besonders wichtig, bei neuen Softwareprojekten sorgfältig zu entscheiden, auf welchen technischen Standards man aufsetzen möchte. Da gilt es genau abzuwägen zwischen dem Reiz neuer Möglichkeiten auf der einen Seite und der Verlässlichkeit bewährter Ansätze auf der anderen.

Wobei in industriellen (Groß-)Projekten fast immer zuverlässigen, stabilen und bewährten Werkzeuge Vorrang vor der neuesten Mode eingeräumt werden sollte. Um Erfahrung mit neuen Technologien zu sammeln, sind kleine, möglichst firmeninterne Entwicklungen meist besser geeignet – diese sollten darüber hinaus nicht zeitkritisch sein und von vornherein darauf angelegt, aus Erfahrungen zu lernen. Was im Klartext heißt, dass nicht erwartet wird, gleich mit der ersten Version Begeisterungsstürme bei den Anwendern auslösen zu können.

Achtung, dies soll keinesfalls heißen, dass möglichst häufig dieselben, schon gut bekannten Tools verwendet werden sollen. Ein solcher Ansatz führt schnell dazu, dass man sich zu früh in den Möglichkeiten einengt und hinterher mit viel „Klimmzügen" nur eine umständliche Lösung mit unbefriedigender Antwortzeit zustande bekommt.

Vorbei und vergessen

Es ist schon logisch, wenn ein Unternehmen in einer Stellenanzeige auflistet, welche Anforderungen für eine neu zu besetzende Stelle erfüllt sein sollen. Und wenn alles gut läuft, wird schließlich auch jemand eingestellt, der die meisten dieser Kriterien erfüllt.

Und typischerweise wird dieser Mensch die erste Zeit auch vor allem die in der Anzeige genannten Fähigkeiten brauchen. Aber mit der Zeit kommen neue Anforderungen, Umstrukturierungen, Versetzungen – vielleicht auch ein neuer Chef oder neue Kollegen.

Und ganz schnell gibt es einen Projektleiter, der jemanden mit bestimmten Kenntnissen braucht – aber niemanden hat, der diese Fähigkeit in diesem Unternehmen schon einmal gezeigt hat.

Das bedeutet aber nicht unbedingt, dass niemand das benötigte Wissen hat. Fast jeder hat, bevor er zu einer Firma kann, mehr gemacht als nur das, was in der Stellenanzeige stand. Nur, für mich völlig unverständlich, hat im neuen Unternehmen keiner danach gefragt. Und so schlummern jede Menge Fähigkeiten im Verborgenen. Solange sie nicht benötigt werden, mag dies ja noch angehen, aber auch wenn sie dringend gebraucht werden, ändert sich dies nicht von allein.

Daher kann ich nur jedem, der jemanden neu zu sich ins Team bekommt, raten, sich bei Gelegenheit eingehend mit dem neuen Mitarbeiter zu unterhalten, was dieser schon so alles gemacht hat in seinem bisherigen Leben. Die Chancen sind gut, den einen oder anderen verborgenen Diamanten zu entdecken ...

Was lernen wir daraus?

Anscheinend ebenso häufig werden Erfahrungen aus abgeschlossenen Projekten oder Projektabschnitten ignoriert. Eine Projektnachkalkulation, bei der unter anderem ursprünglich geschätzter und tatsächlich erbrachter Aufwand verglichen werden, unterbleibt häufig – vermutlich, weil keiner jemanden aus dem Projekt an den Pranger stellen will.

Nur entfällt dadurch auch die Möglichkeit, aus den Erfahrungen zu lernen und künftig beispielsweise zu realistischeren Schätzungen zu kommen – weil man jetzt weiß, welche Faktoren (zusätzlich) wie mit einzukalkulieren sind.

Und realistische Schätzungen sind eine hervorragende Grundlage für Projekte ohne permanenten Zeitdruck ...

Eine sogenannte Wissensdatenbank zu führen, ist sicher aufwendig und überhaupt nicht einfach – ich kenne zum Beispiel bisher noch kein wirklich zufriedenstellendes Verfahren für eine „Verschlagwortung" – also dafür, dass jemand die gesuchte Information, wenn vorhanden, auch unter dem vom Suchenden damit assoziierten Schlagwort findet.

Ziemlich einfach und nicht besonders aufwendig ist aber beispielsweise das Führen sogenannter „Gelber Seiten" im Firmen-Intranet o. Ä. – man lasse einfach jeden Mitarbeiter selbst dort eintragen, zu welchen Themen er sich als Experte sieht und bereit ist, dieses Knowhow mit anderen zu teilen. Hilfreich kann hier noch eine Unterteilung in „erfahren" und „Experte" sein – dann ist für jeden im Unternehmen, der Rat sucht, eine Liste der Form

Wissensgebiet	Ansprechpartner	Wissensgrad
Anforderungsmanagement	Herr Maier, -127	Grundwissen
Datenbanken	Frau Schulze, -129	Arbeitswissen
	Frau Huber, -121	Führungswissen
Softwaretest	Herr Müller, -124	Expertenwissen

zugänglich.

Noch ein Punkt zum Thema Lernen: Um nicht dieselben Fehler immer wieder zu machen, bietet sich nach jedem Phasenabschnitt, spätestens aber zum Projektende, eine Abweichungsanalyse an, bei der die Ursachen für Planabweichungen ermittelt werden. Dabei darf es nicht darum gehen, jemanden „in die Pfanne zu hauen" – gefragt ist vielmehr eine möglichst sachliche Auseinandersetzung, um herauszufinden, was warum besonders gut bzw. nicht so gut lief.

Es sind fast immer die folgenden drei Fragen zu beantworten:

- Wie weit entspricht das, was die jetzt verfügbare Software kann, dem, was war ursprünglich vorgesehen war?
- Wie weit wurden die geplanten Aufwände und Termine über- oder unterschritten? Im Fall von größeren Abweichungen: Warum?
- Wie zufrieden sind die Beteiligten und Betroffenen (Auftraggeber, Anwender, Management, Projektteam)?

Daraus kann dann eine Aufstellung etwa nach diesem Schema[40] erstellt werden:

	Personelle Ursachen	Technische Ursachen	Organisatorische Ursachen
Künftig zu verstärken	• „Training on the Job" mit definiertem Mentor • Teamreview nach jedem Phasenende • Teamausflug als Anerkennung	• Verzicht auf „moderne", aber unbekannte Programmiersprache • Den Anforderungen entsprechend skalierbare Datenbank	• Enge Kundeneinbindung • Alle Teammitglieder in nebeneinander liegenden Büros • Einsatz externer Spezialisten zur Klärung von Problemfällen
Künftig zu vermeiden	• Demotivation • Mangelnde Ausbildung • Missverständnisse • Überlastung	• Planungsfehler • Fehleranfälligkeit • Unvollständige Testdaten • Mangelnde Toolnutzung	• Engpässe bei Betriebsmitteln • Kompetenzgerangel • Personelle Engpässe • Probleme bei der Fertigungseinführung
Prüfen, ob künftig vermeidbar	• „Problemfälle" • Fluktuation • Mangelnde Fähigkeiten	• Performance-Probleme • Überforderte Prüftechnik • Neue Anforderungen • Unsichere Systembasis • Fehlender Support	• Wechselnde Zulieferer • Prioritätenveränderungen • Räumliche Aufteilung • Termindruck
Wohl auch künftig nicht vermeidbar	• Krankheit • Schwangerschaft • Kündigung	• Technologische Grenzen • Fehlerhafte zugekaufte Bibliotheken	• Umorganisation auf Veranlassung der Geschäftsführung • Änderung der Verträge • Konkurs eines Lieferanten

Projektsteuerung

Eine alte Ingenieursweisheit lautet: „Möchten Sie das Produkt billig, schnell oder gut? Bitte wählen Sie höchstens zwei der Kriterien".[41]
Heute scheint die Wahl (zu) oft auf schnell und billig zu fallen – und danach kommt die große Unzufriedenheit, weil das abgelieferte Produkt nicht gut ist.

Gegen zu aggressive, unrealistische Zeitpläne helfen keine „Tipps und Tricks für den Projektmanager". Eine in der Computerwoche[42] veröffentlichte Grafik zum Projektstatus laut Chaos Report der Standish Group zeigt, dass auch 2004 mehr als die Hälfte aller untersuchten Projekte den Zeit- und Kostenplan nicht einhalten konnten.

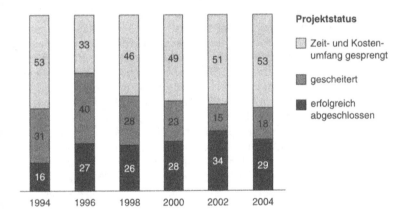

Aber es gibt eine Reihe kleinerer Möglichkeiten, Zeit realistischer einzuschätzen und Zeitverschwendung zu vermeiden.

Über die allseits bekannten Zeitfresser wie schlecht vorbereitete oder schlecht geleitete Besprechungen oder auch unzureichende Arbeitsmittel brauche ich mich hier wohl nicht auszulassen. Aber es gibt noch ein paar weitere Beispiele:

Prioritäten

„Ich jage niemals zwei Hasen auf einmal.", soll Otto von Bismarck einmal gesagt haben. Inzwischen scheinen sich die Zeiten doch stark verändert zu haben – fast jeder Projektleiter und auch viele Projektmitarbeiter sehen sich mit massiven Forderungen nach „Multitasking", nach dem Erledigen von vielen Aktivitäten zur gleichen Zeit konfrontiert.

Oft mit dem Ergebnis, dass auch zehn Stunden am Tag nicht reichen, um die Aktivitäten der höchsten Priorität zu erledigen – von den restlichen gar nicht zu reden.

Mir fallen dabei vor allem zwei grundsätzliche Fehler beim Priorisieren auf:

Sinn und Zweck einer Prioritätenvergabe ist eine Unterscheidung in mehr oder weniger wesentliche Punkte, um sich auf die besonders Wesentlichen konzentrieren zu können – wohl wissend, dass einige, wenn nicht sogar die meisten der als weniger wesentlich eingestuften Punkte nicht angegangen werden können. Dieser Ansatz hilft nur dann, wenn die Anzahl der Vorhaben, die einer bestimmten Priorität zugeordnet ist, ungefähr normalverteilt ist. Wenn ich also drei Prioritätsstufen A, B und C habe, sollten je etwa 25 % der Aktivitäten den Prioritäten A bzw. C und ungefähr die Hälfte der Priorität B zugeordnet sein. Ist dies nicht der Fall, muss ich neu priorisieren – bei 80 % oder mehr Punkten mit höchster Priorität hilft mir die Priorisierung einfach nichts mehr.

Ein zweiter häufiger Fehler ist, dass viele Menschen nicht sauber zwischen „wichtig" und „dringend" unterscheiden. Der Gang aufs Örtchen mag dringend sein, für die Abwicklung eines Projektes ist er niemals wichtig.

Sehr schön drückt dies das sogenannte Eisenhower-Prinzip aus: Höchste Priorität hat, was sowohl wichtig als auch dringend ist, zweithöchste, was nur wichtig ist – erst dann kommt, was nur dringend ist:[43]

Eisenhower-Matrix		DRINGLICHKEIT	
		dringend	nicht dringend
WICHTIGKEIT	**wichtig**	sofort selbst erledigen	exakt terminieren und selbst erledigen
	nicht wichtig	delegieren oder nach den Wichtigeren erledigen	nicht bearbeiten

Übrigens: „Die Basis einer gesunden Ordnung ist ein großer Papierkorb", soll Kurt Tucholsky gesagt haben.

Vertrauen ist gut

Natürlich kann und soll man von gut ausgebildeten und gut bezahlten Mitarbeitern gute Arbeit erwarten. Trotzdem empfehle ich jedem, und insbesondere dem vorsichtigen Projektleiter, nicht die Spannung voll auszukosten und erst wenn alle Teilablieferungen aller am Projekt beteiligten Mitarbeiter fällig sind, zu schauen, ob auch wirklich alle Komponenten geliefert wurden und problemlos zusammenspielen.

Ich rate mehr zu dem Ansatz, je nach Kenntnisstand des Mitarbeiters und Komplexität der Aufgabe Kontrollpunkte zu definieren, an denen die dann vorliegenden Arbeitsergebnisse geprüft werden – auf Vollständigkeit, Korrektheit und meist zahlreiche weitere vorher definierte Qualitätsmerkmale.

Dies ist in den meisten mir bekannten Projektplänen auch der Fall gewesen. Was ich aber öfter vermisst habe, ist die Planung einer Korrekturschleife: Die bei der Prüfung gefundenen Abweichungen vom Soll – zumindest die schwerwiegenden – müssen beseitigt werden, und danach ist eine neue Prüfung durchzuführen. Diese beiden Aktivitäten werden Zeit benötigen – Zeit, die unbedingt schon vorab einzuplanen ist, um nicht in Verzug zu geraten.

Ungeliebte Qualitätssicherung

Die Bedeutung von Qualität betont inzwischen fast jeder – und von daher ist es naheliegend, dass es auch in Softwareentwicklungsprojekten fast immer einen Qualitätssicherer gibt.[44] Auch gängige Vorgehensmodelle wie V-Modell XT, Hermes oder Prince2 haben eine Qualitätsmanagement oder Qualitätssicherung genannte Komponente.

Grundsätzlich soll dadurch sichergestellt werden, dass sowohl konstruktive als auch analytische Qualitätsmaßnahmen betrieben werden. Wobei konstruktive Qualitätsmaßnahmen Präventivmaßnahmen sind, die durch Vorgabe von Prinzipien, Methoden, Techniken, Formalismen und Werkzeugen das Entstehen von Fehlern oder Mängeln von vornherein verhindern sollen. Analytische Qualitätsmaßnahmen sind Maßnahmen, die dem Erkennen und Lokalisieren von

Problemen, Fehlern und Mängeln und damit letztlich dem Bewerten der Qualität dienen.

Diese eigenständige Rolle des Qualitätssicherers führt leider häufig dazu, dass die Mehrheit der Projektmitarbeiter die Ansicht vertritt, dass dieser Qualitätssicherer für die Qualität der abgelieferten Arbeitsergebnisse verantwortlich ist – und nicht ein jeder selbst für die Qualität der von ihm oder ihr erstellten Arbeit. Und damit hat der Qualitätssicherer gleich den schwarzen Peter: Zum einen ist er der Sündenbock für alle gefundenen Probleme, zum anderen der Spielverderber, der mit seinen als zusätzlich empfundenen Anforderungen die Kollegen vom Arbeiten abhält – was dann schnell in eine Negativspirale mündet.

Wer will schon freiwillig einen Spielverderber in sein Spiel einbeziehen? In der Regel niemand, und so ist der Qualitätssicherer nicht von Anfang an in die Aufgabenplanung involviert. Ihm bleibt nur, sich mit irgendwelchen Arbeitsergebnissen, die er in irgendwelchen zentralen Ablagen mehr zufällig findet, zu befassen. Und wenn er dann entsetzt Fehler oder Mängel von diesem oder jenem reklamiert, reagieren die Ersteller des Werkes mit völligem Unverständnis: „Warum hat uns das niemand vorher gesagt?" oder „Wieso werden mittendrin die Anforderungen geändert?" sind die typischen Reaktionen.

Ein weiteres Problem ergibt sich aus dem Umstand, dass der einfache Entwickler seine Arbeitsergebnisse typischerweise erst zum letztmöglichen Termin in eine zentrale Ablage kopiert. Unterlagen, die dort „neu entdeckt" werden, sind also schon reichlich abgelagert. Aus Entwicklersicht kommt deshalb eine Mängelrüge zu Ergebnissen der Phase x erst dann, wenn er gedanklich schon lange in Phase x+1 oder gar x+2 ist. Nicht nur das gedankliche wieder Eindenken in die „ollen Kamellen" bringt ihn auf die Palme, sondern vor allem die Tatsache, dass auch die Ergebnisse der Folgephasen nachgearbeitet werden müssen.

Wie schon erwähnt, unser armer Qualitätssicherer ist nicht wirklich ins Projektteam integriert. Also hat er gar keine Chance, Präventivmaßnahmen zu etablieren, Prozesse, Methoden und Werkzeuge mitzugestalten. So liegt es nahe, dass er sich in Formalismen flüchtet und mit Checklisten und Protokollen festhält, welche Vorgaben aus dem Qualitätshandbuch nicht oder nicht vollständig oder nicht korrekt erfüllt sind. Die Wirkung ist ebenso klar wie fatal: Er wird immer mehr als Erfolgsverhinderer angesehen und von jeder wichtigen Information abgeschnitten.

Spätestens jetzt ist zu hoffen, dass jemand im Projekt erkennt, dass diese Art „Qualitätssicherung" nur eine Farce ist, die keinerlei Nutzen, aber reichlich Schaden anrichtet. Könnte man es nicht besser machen?

Es geht auch anders!

Sicher geht es auch anders. Wenn von Anfang an klargestellt wird, dass zum einen jeder selbst für die Qualität seiner Arbeitsergebnisse verantwortlich ist, und zum anderen der Qualitätssicherer als Berater des Projektleiters und aller Projektmitarbeiter in Qualitätsfragen agiert. Wobei sich diese nicht resistent gegen guten Rat zeigen dürfen. Qualitätsziele sind essenziell, um ein gutes Ergebnis zu erreichen – und jedem muss bewusst sein, dass es sich dabei nicht um die persönlichen Marotten des Qualitätssicherers, sondern um mit Auftraggeber und Management abgestimmte Anforderungen an den Softwareerstellungsprozess und die Phasenergebnisse handelt. Wenn dies gegeben ist, kann und wird jeder hinterher zu Recht stolz auf das sein, was er zum Ergebnis beigetragen hat.

Im Detail gilt, dass der Qualitätssicherer den Regelkreis „planen – lenken – verbessern" steuert und hierzu dafür Sorge trägt, dass

- die gewünschten Qualitätsziele und -merkmale definiert sind,
- Maßnahmen zum Erreichen dieser Ziele und Merkmale festgelegt werden,
- geprüft wird, ob die beschlossenen Maßnahmen auch durchgeführt werden und wirkungsvoll sind,
- festgestellte Produkt- und Prozessfehler abgestellt werden,
- bei allen Ablieferungen (Dokumenten und Programmen) die geplanten Prüfungen durchgeführt werden.

Im Unterschied zu den Projektzielen richten sich Qualitätsziele meist darauf, in welcher Form Ziele erreicht werden – es sind also häufig Prozessziele. Die Funktionalität eines beim Kunden eingeführten Systems ist üblicherweise ein reines Abnahmekriterium. Das beauftragte Ergebnis wurde geliefert – oder nicht. Die mit dem Projekt verfolgen Ziele wurden erreicht – oder nicht. Wurde die vereinbarte Funktionalität erbracht, muss der Kunde die Abnahme erteilen, ob er nun mit Prozess oder Produkt komplett zufrieden ist oder nicht. Jedoch hängt es von der Qualität der Lösung ab, ob der Kunde sagt, „das hat der Anbieter gut gemacht" – oder nicht. Gut gemacht hat es der Anbieter dann, wenn beispielsweise Kundenanliegen wie ‚Lösung nah am Standard‘ und / oder ‚Projektabwicklung unter konsequenter Einbeziehung des Kunden‘ umgesetzt werden konnten.

Alles fertig?

So unglaublich es klingen mag – unklare und unterschiedliche Auffassungen zwischen verschiedenen Projektbeteiligten darüber, wann eine Arbeit „fertig" ist, sind eher die Regel als die Ausnahme.

Für einen Status „fertig" muss aus meiner Sicht mindestens Folgendes gegeben sein:

- Alle Inhalte wurden erarbeitet.
- Es gibt keinen offenen Punkt mehr zu der Aufgabe.
- Eine Qualitätssicherung ist erfolgt.
- Die Ergebnisse inklusive relevanter Entscheidungen sind dokumentiert.
- Der Empfänger hat die Arbeit abgenommen.

Auch wenn, wie das folgende Bild zeigt, uns die Bedeutung des Papierkrams aus frühester Jugend bekannt sein sollte, zeigen sich gerade in diesem Punkt häufig Versäumnisse.

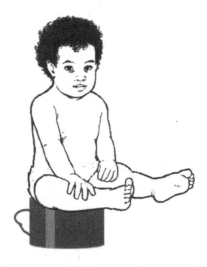

Du bist erst fertig, wenn auch der Papierkram erledigt ist!

Unklarheiten darüber, ob „alles fertig" ist, gibt es mindestens so häufig wie für einzelne Arbeitspakete für den Übergang von einer Projektphase in die nächste.

Viel zu oft wird einfach aufgrund der Tatsache, dass gemäß Projektplan und Kalender jetzt eine Phase zu Ende ist, mit der nächsten begonnen – ohne dass klare Eingangs- und Ausgangskriterien für die jeweiligen Phasen vorliegen.

Was dann dazu führt, dass mit dem Codieren begonnen wird, obwohl die Anforderungen noch nicht stabil sind. Oder dass mit Tests begonnen wird, obwohl wesentliche Funktionen noch gar nicht fertiggestellt sind. In jedem Fall ist so eine Vorgehensweise nicht nur Zeitverschwendung, sie führt meist auch zu einer massiven Frustration der Betroffenen.

Übrigens: Erfüllte Ausgangskriterien für die Testphase bedeuten gleichzeitig, dass die Software bereit zur Übergabe an Kunden ist.

Noch ein Hinweis: Nach ständiger Rechtsprechung (z. B. OLG Karlsruhe, Urteil vom 16.08.2002 1 U 250/01) ist die Erstellung und Herausgabe einer ausreichenden Dokumentation und damit das Zurverfügungstellen eines für den Umgang mit der Software notwendigen Handbuches selbstverständlicher Vertragsinhalt eines auf Lieferung von Software gerichteten Geschäftes, so dass es insoweit keiner ausdrücklichen Vereinbarungen hierüber bedarf.

Grundsätzlich müssen schriftliche Programmdokumentationen in deutscher Sprache verfasst sein, wenn nicht ausdrücklich durch Individualvereinbarung eine anderweitige Regelung getroffen worden ist (BGH NJW 1989, 3222; OLG München CR 1999, 221; OLG Köln CR 1995, 334). Dies gilt auch für Online-Hilfen. Durch AGB des Lieferanten ist die Pflicht zur Lieferung deutschsprachiger Programmunterlagen nicht abdingbar; derartige Klauseln sind überraschend und unangemessen.

Fertigstellungsgrad

Eine sehr übliche und gleichzeitig auch sehr gefährliche Definition des Fertigstellungsgrades ist:

$$\text{Fertigstellungsgrad} = \frac{\text{Ist-Aufwand}}{\text{geplanter Aufwand}}$$

Das Problematische an dieser Definition ist: Wenn ich doppelt so lang brauche wie geplant, habe ich 200 % Fertigstellungsgrad – auch wenn die Anschauung sagt, dass mehr als 100 % nicht möglich ist. Anders formuliert: In der Realität sagt ein nach dieser Definition ermittelter Fertigstellungsgrad überhaupt nichts darüber aus, wie viel Prozent nun tatsächlich fertiggestellt sind – ich erfahre lediglich, welcher Anteil des geplanten Aufwandes bereits verbraten wurde.

Für deutlich realistischer halte ich den Ansatz, aus prognostiziertem Restaufwand und bisher angefallenem Ist-Aufwand den prognostizierten Gesamtaufwand zu ermitteln und dann den Fertigstellungsgrad wie folgt zu errechnen:

Aus „prognostizierter Gesamtaufwand" = Ist-Aufwand + prog. Restaufwand ergibt sich dann

$$\text{Fertigstellungsgrad} = \frac{\text{Ist-Aufwand}}{\text{progn. Gesamtaufwand}}$$

Etwas gewöhnungsbedürftig bei dieser Definition ist die Tatsache, dass der so ermittelte Fertigstellungsgrad zwischen zwei Berichtszeitpunkten abnehmen kann.

Ein weiterer interessanter Ansatz ist es, als Differenz aus ursprünglichem Planaufwand und prognostiziertem Restaufwand einen „erarbeiteten Wert" zu ermitteln und basierend auf dieser Größe dann folgende Definition des Fertigstellungsgrades zu verwenden:

D.h., aus „geplanter Aufwand" = erarbeiteter Wert + prog. Restaufwand erhält man

$$\text{Fertigstellungsgrad} = \frac{\text{erarbeiteter Wert}}{\text{geplanter Aufwand}}$$

Hier kann es dann passieren, dass der Fertigstellungsgrad negativ wird – was für die Mitarbeiter, die intensiv im Projekt gearbeitet haben, leicht frustrierend sein kann.

Projektfortschritt

Das folgende Beispiel[45] zeigt den im „Critical-Chain-Projektmanagement" favorisierten Ansatz:

Von zehn Aktivitäten im Projektplan, die je 20 Manntage Aufwand erfordern und für die die dargestellten Abhängigkeiten bestehen, sind die grau hinterlegten Aktivitäten abgearbeitet. Welchen Fertigstellungsgrad nennen Sie in Ihrem Projektbericht?

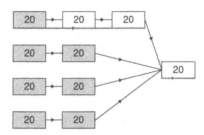

Die klassische Antwort dürfte 70 % sein (7/10 des Aufwands sind erbracht). Doch bezogen auf die zeitlichen Abhängigkeiten ist von vier „Blöcken" erst einer komplett – so dass sich aus dieser Sicht ein Fertigstellungsgrad von 25 % ergibt – was im Hinblick auf Überlegungen zu der noch erforderlichen „Restzeit" realistischer sein dürfte.

Da wohl sehr häufig mehrere parallel entwickelte „Einzelbausteine" zu komplexeren Einheiten zusammengefasst werden, sollte meines Erachtens der Fertigstellungsgrad nie als Prozentsatz des erbrachten Aufwandes angegeben werden.

Miniaturmeilensteine

Ein Meilenstein bezeichnet nach DIN 69900-1 ein Ereignis besonderer Bedeutung. In Projekten werden meist bedeutende (Zwischen-) Ergebnisse als Meilensteine bezeichnet. Kennt ein Entwickler nur solche zeitlich weiträumigen Meilensteine, so ist die Gefahr groß, dass er Wochen vor dem Termin hier einen Tag und vielleicht auch dort eine Woche für etwas „Interessantes" aufwendet, von dem nicht so recht klar ist, ob es auch wirklich dem Erreichen des Projektzieles nutzt. Fragen nach dem Fortschritt werden zu solchen Zeiten nach Bauchgefühl beantwortet – meist etabliert sich sehr schnell das sogenannte „90 % Syndrom": nach der Hälfte der Zeit wird ein Fertigstellungsgrad von 90 % gemeldet – und bei diesem bleibt es dann.

Dieses Problem wird durch die Einführung von Miniaturmeilensteinen vermieden.[46] Miniaturmeilensteine sind Ziele, die ein Entwickler in kurzer Zeit erreichen soll – maximal in einer Woche. Die kürzeste praktikable Zeiteinheit ist ein Tag. So ein Miniaturmeilenstein ist binär: das Ziel ist entweder *erreicht* oder *nicht erreicht* – aber niemals zu 90 % erreicht.

Wieso müssen Miniaturmeilensteine binär sein? Stellen Sie sich doch einmal den Besuch einer großen Feier vor: wenn dienstbare Geister ständig ihr Weinglas auffüllen wissen Sie sehr schnell nicht mehr, wie viel Sie denn insgesamt getrunken haben. Ist dagegen sichergestellt, dass erst dann, wenn das Glas komplett geleert wurde es – auf Wunsch – wieder gefüllt wird können Sie auf ein Glas genau angeben, wie viel Sie konsumiert haben.

Gleiches gilt für Ihren Projektfortschritt. Nur wenn Sie von jeder Aufgabe genau wissen, dass sie entweder fertig gestellt ist oder nicht können Sie sehr genau angeben, wie viel Prozent der Arbeit vollendet sind und wie viel noch offen.

Projektstatusbericht

Ein formalisiertes Berichtswesen klingt für viele zunächst nach leidiger Bürokratie. Ein wenig bürokratisch mag es sein – insgesamt ist es aber eine eher hilfreiche Routine. Denken Sie zum Beispiel an Ihre Morgentoilette. Fast alle machen an jedem gewöhnlichen Werktag genau die gleichen Verrichtungen in genau der gleichen Reihenfolge – was sicherstellt, dass alles Wesentliche getan und nichts vergessen wird.

Ganz genauso ist es mit einem formalisierten Berichtswesen. Wenn für alle klar ist, in welcher Form und zu welchem Termin welche Inhalte wo abzuliefern sind, wird der Projektleiter immer alle gewünschten Informationen vorliegen haben, ohne bei den einzelnen Berichterstellern noch einmal nachfragen zu müssen.

Der bedeutendste Bericht im Rahmen einer Projektabwicklung sollte jeweils der Projektstatusbericht sein. Dieser hat die Kernaufgabe, den Empfänger kontinuierlich über das Projekt auf dem Laufenden zu halten. Dazu legen Sie eine kompakte Darstellung der aktuellen Aktivitäten und des Status des Projekts aus der Sicht des Managements vor. Das heißt alles, was wichtig ist, alles, um das sich jemand kümmern muss, alles, was sichtbar gemacht werden soll, gehört in den Statusbericht.

Fast immer richtig ist es, zunächst zu den vier Bereichen Allgemeines, Termine, Aufwand und Kosten den Status in Form einer Projektampel aufzuführen. Es gibt also die drei möglichen Zustände:

- *grün:* im Plan („Alles im grünen Bereich')
- *gelb:* kritisch – es sind spürbare Abweichungen vorhanden
- *rot:* außer Plan – es sind massive Abweichungen vorhanden

Darüber hinaus bieten sich die Gliederungspunkte
- schwerwiegende Probleme / durchgeführte Maßnahmen
- ausgeführte Tätigkeiten im Berichtszeitraum
- geplante Leistungen im nächsten Berichtszeitraum
- positive / negative Ereignisse oder Entwicklungen
- zusätzliche Hinweise
- Informationen über Zeitaufwand und Ausgaben

an, um insgesamt kurz und prägnant aufzulisten, was gut läuft, was schlecht läuft, sowie, falls vorhanden, welche korrektiven Maßnahmen angedacht bzw. durchgeführt wurden.

Durch das regelmäßige Berichten in einem festen Turnus und in einer einheitlichen Form sollen alle Beteiligten in die Lage versetzt werden, zu beurteilen,

- welche positiven Erfahrungen auf andere Aufgaben oder in andere Bereiche übertragbar sein dürften,
- ob Probleme schnell erkannt werden,
- ob Probleme schnell genug gelöst werden,
- ob es wiederkehrende Probleme gibt, also die erste Lösung möglicherweise nicht ausreichend war,
- welche der Probleme aus dem Projektteam herausgelöst werden können sollten und welche das Eingreifen der nächsten Managementebene erfordern.

Je nach Einzelfall wird Ihr Kunde vielleicht noch weitere Daten im Statusbericht wünschen. Generell kann ich jedoch nur davor warnen, den Statusbericht reichlich mit Diagrammen und Statistiken aufzupolstern – erfahrungsgemäß führen telefonbuchstarke Berichte nur zu einem: Sie werden nicht gelesen.

Natürlich ist nichts dagegen einzuwenden, weitere, für sinnvoll und hilfreich gehaltene Daten zusätzlich zu führen und in geeigneter Form verfügbar zu machen.

Verlockende Abkürzungen

Ich gebe es zu: Im Stau auf der Autobahn war ich schon mehrfach versucht, bei Auftauchen eines Seitenweges der Autobahnmeisterei das Schild „Durchfahrt verboten" zu ignorieren und die verlockende Abkürzung aus dem Stau zu nehmen.

Viele Projektleiter sehen sich häufig in einer ähnlichen Situation: Geplante Tätigkeiten dauerten signifikant länger als vorgesehen, diverse ungeplante mussten dringend zusätzlich eingeschoben werden – und mir nichts, dir nichts ist der vorgesehene Fertigstellungstermin nicht mehr wirklich realistisch.

Und schon ist die Versuchung groß, einen Seitenweg zu nehmen, um doch noch pünktlich ans Ziel zu kommen. Was in der Praxis meistens bedeutet:

- „Nicht so wichtige" Schritte werden weggelassen oder doch drastisch verkürzt. Meist sind dies Code-Reviews oder Modultests – und das mittelfristige Ergebnis ist jede Menge prinzipielle Probleme, die erst in späteren Phasen, z. B. der Systemintegration, gefunden werden und deren Lösung dann ein Vielfaches des Aufwandes erfordert, der nötig gewesen wäre, wenn zum Ende der jeweiligen Phase die ursprünglich vorgesehenen Checks stattgefunden hätten.

- „Fangt doch schon mal an" – obwohl noch nicht alle Voraussetzungen gegeben sind, wird schon mit der nächsten Phase begonnen. Und wenn dann sukzessive die Anforderungen geklärt sind, sind alle vorhandenen Ergebnisse aufwendig nachzuarbeiten, um sie den neuen Gegebenheiten anzupassen.

Unterm Strich bewirken solche Ansätze also meist nur zusätzlichen Aufwand. Möglicherweise wird zwar ein Etappenziel schneller erreicht – dies aber um den Preis einer nachhaltigen Qualitätsverschlechterung. Wofür nach Aufdecken des Problems teuer zu bezahlen ist.

Denken Sie rechtzeitig daran: Das wichtigste Ziel Ihres Projektes besteht nicht darin, zum geplanten Termin irgendetwas abzuliefern. Es besteht darin, gebrauchstaugliche Software zur Verfügung zu stellen.

Fatale Hilfsbereitschaft

Grundsätzlich ist es toll, wenn alle in einem Team sich gegenseitig unterstützen. Und sehr häufig gibt es im Unternehmen auch jemanden, der auf fast jede Frage eine Antwort weiß oder zumindest weiß, wer es weiß. Wenn dieser jemand dann auch noch gutmütig und hilfsbereit ist, wird er oder sie natürlich ständig nach Sachen gefragt, für die er / sie genau genommen gar nicht zuständig ist.

Kritisch wird es jetzt, wenn diese Person mit einer zeitkritischen Aufgabe betraut ist, vielleicht sogar als Einzige(r) in der Lage ist, diese Aufgabe zu erfüllen. Durch die ständigen Anfragen zu anderen Themen kann ein wesentlicher Teil der Arbeitszeit nicht für die aktuelle zeitkritische Aufgabe aufgewendet werden. Außerdem führt die ständige Ablenkung dazu, dass nach jeder Unterbrechung zusätzliche Zeit nötig ist, sich wieder in den Stand der Aufgabe vor der Unterbrechung hineinzudenken.

Das Resultat liegt auf der Hand: Es dauert länger, die zeitkritische Aufgabe zu erledigen, und es steigt die Wahrscheinlichkeit, dass Fehler einfließen, weil nicht alles in Ruhe und komplett durchdacht werden konnte.

Wie löst man nun dieses Problem? Während klassische Projektmanagementansätze meist versuchen, jede Ressource möglichst stark auszulasten, konzentriert sich der sogenannte „Critical Chain" (Kritische Kette)-Ansatz[47] darauf, den Durchsatz zu maximieren. Hierzu wird in fünf Schritten vorgegangen:

- Den Engpass erkennen – also herauszufinden, an welcher Ressource sich im Prozessablauf ein Stau bildet.
- Den Engpass optimal ausnutzen – also alles um den Engpass herum so anordnen, dass dieser mit fast 100 % ausgelastet werden kann.
- Alles Weitere dem Engpass unterordnen – also insbesondere keine Aufwände tätigen, die dazu führen, dass der Stau vor dem Engpass noch zunimmt.
- Falls möglich, die Engpasskapazität erweitern – also neues Personal einstellen oder neue Maschinen anschaffen, wenn davon auszugehen ist, dass die Nachfrage künftig mindestens gleich bleibt oder sogar steigt.
- Wieder von vorn beginnen – durch die neuen Kapazitäten gibt es jetzt wahrscheinlich einen neuen Engpass.

Nun ist es bei der Softwareentwicklung höchst unwahrscheinlich, dass fehlende Hardware den Engpassfaktor bildet – fast immer wird es sich um einen Know-how-Träger handeln, der für viele Aufgaben als unentbehrlich eingestuft wird. Und um die Kapazitäten dieses Know-how-Trägers möglichst optimal nutzen zu können, muss mindestens sichergestellt werden, dass[48]

- jeder im Projekt darüber informiert ist, wer aktuell der Engpassfaktor ist – und an welcher Aufgabe er gerade arbeitet.
- Anfragen an den Engpassfaktor verboten sind. Wenn er verreist wäre oder gar das Unternehmen verlassen hätte, müsste schließlich auch eine Antwort ohne ihn gefunden werden.
- der Engpassfaktor in dieser Zeit in einem Einzelbüro mit geschlossener Tür arbeitet.

- Unterstützungsanfragen durch den Engpassfaktor von jedem im Unternehmen unverzüglich zu bearbeiten sind. Auch Vorgesetzte haben zu akzeptieren, dass andere Arbeiten dann liegen bleiben.
- der aktuelle Engpassfaktor in dieser Zeit auch nur an der aktuellen zeitkritischen Aufgabe arbeitet – E-Mails und sonstige Aufgaben werden solange zurückgestellt.
- der aktuelle Engpassfaktor rechtzeitig vor dem absehbaren Abschluss der aktuellen zeitkritischen Aufgabe Kontakt mit seinem Nachfolger aufnimmt und ihn bis zur Übergabe auf dem Laufenden hält.
- sich der nächste Engpassfaktor kurz vor der Übergabe nur noch auf die Übernahme vorbereitet und sonst nichts mehr tut.

Arbeitsumfeld

Auch wenn die unten stehende Tabelle aus einer etwas älteren Untersuchung stammt[49], zeigt sie doch einen interessanten und vermutlich auch heute noch existierenden Zusammenhang zwischen verschiedenen Arbeitsplatzfaktoren und den festgestellten Arbeitsergebnissen. Es ist deutlich erkennbar, dass die Spitzenprogrammierer, die am schnellsten und effektivsten arbeiten, dazu auch ein wesentlich angenehmeres und ruhigeres Arbeitsumfeld zur Verfügung gestellt bekommen.

Arbeitsplatzfaktor	bestes Viertel der Teilnehmer	schlechtestes Viertel der Teilnehmer
Wie viel Arbeitsplatz steht Ihnen zur Verfügung?	7 m²	4,1 m²
Ist es annehmbar ruhig?	57 % Ja	29 % Ja
Ist Ihre Privatsphäre gewahrt?	62 % Ja	19 % Ja
Können Sie das Telefon abstellen?	52 % Ja	10 % Ja
Können Sie das Telefon umleiten?	76 % Ja	19 % Ja
Werden Sie von anderen Personen oft grundlos gestört?	38 % Ja	76 % Ja

Könnte man nicht noch ...?

„Wenn du schon in den Supermarkt gehst, könntest du doch auch gleich noch eine Butter mitbringen." Klar, könnte ich – und in so einem Fall werde ich es wohl auch tun. Der Mehraufwand ist so gut wie nicht messbar, der (subjektiv empfundene) Nutzen hoch.

Gefährlich ist es jedoch, dieses Prinzip in die Softwareentwicklung zu übertragen. Und zwar gleich aus mehreren Gründen:

- Es bleibt meistens nicht dabei, nur eine einzige zusätzliche Funktion mit aufzunehmen – vielmehr kommen, ist die Tür erst einmal offen, fast täglich Änderungswünsche dazu.
- Die Ideen kommen häufig von Entwicklern und sind nicht mit potenziellen Anwendern abgestimmt – oft finden diese die Funktion hinterher in der realisierten Form gar nicht so genial wie ihr Erfinder.
- Jede Änderung der Funktionalität zieht auch Änderungen in den Testplänen und der Dokumentation nach sich – die häufig vergessen werden und dadurch zu zusätzlichen (und vermeidbaren) Irritationen führen.
- All dieses braucht Zeit. Viel zu oft viel mehr Zeit als ursprünglich angenommen. Und ganz schnell ist ein geplanter Fertigstellungstermin nicht mehr zu halten ...

Und das nervt

Fast alles, was einem nicht gefällt, hat die Eigenschaft, einem nicht so schnell wieder aus dem Kopf zu gehen. Und daher ist unsere Kreativität häufig eingeschränkt, weil wir – bewusst oder unbewusst – immer noch nach Möglichkeiten suchen, dieses Ärgernis aus der Welt zu schaffen.

Daher kann ich nur jeden Projektleiter ermuntern, seinen Mitarbeiter das Führen einer Liste von Ärgernissen nahezulegen – die dann einmal pro Woche durchgesprochen wird.

Allein zu wissen, dass der Vorgesetzte sich seiner Sorgen annehmen wird, hilft vielen Mitarbeiten, solche Punkte nicht mehr ständig bewusst haben zu müssen. Natürlich ist eine Lösung noch besser – aber auch die sollte für einen Gutteil der Probleme möglich sein. Ich behaupte, dass in vielen Fällen der Mitarbeiter schon Ideen für Lösungsansätze haben wird – nur kann er diese ohne die Zustimmung eines Vorgesetzten nicht alleine umsetzen.

Ach ja, eines noch: Besprechen Sie die Liste der Ärgernisse unter vier Augen mit dem Mitarbeiter. In einer großen Runde dürfte es bei manchen Punkten Hemmungen geben, sie anzusprechen.

Vorführen neuer Funktionen

Bevor mit langen und zeitaufwendigen Tests für neue Funktionen begonnen wird, empfehle ich, die Entwickler ihre Neuheiten demonstrieren zu lassen. Dabei ist es dann oft aufschlussreicher, in das Gesicht des Vorführenden als auf den Monitor zu schauen – je nachdem, ob sich der Entwickler zuversichtlich oder verunsichert zeigt, kann man schließen, ob schon aus Sicht des Erstellers hier ein „dicker Hund" verborgen ist oder nicht.

Projektkrisen

Auch nach zehn Jahren gilt wohl immer noch Folgendes[50]:

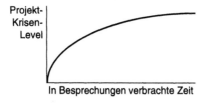

Die typische Reaktion auf eine Projektkrise heißt mehr Meetings und mehr Statusberichte – wodurch die Zeit für hilfreiche Korrekturmaßnahmen drastisch reduziert wird.

Und ebenso häufig wird in solchen Situationen „Brooks law" vergessen: „Adding manpower to a late software project makes it later."[51] („Weitere Mitarbeiter einem verspäteten Softwareprojekt hinzuzufügen verzögert es nur noch mehr.")

So trivial es klingen mag: Die beste Reaktion auf eine Krise ist erstmal, in aller Ruhe zu klären, ob es sich um einen Einzelfall oder ein Grundsatzproblem handelt. Worum geht es hier wirklich? Und wenn dies geklärt ist, heißt die nächste Frage: Was wäre richtig? – nicht „was passt mir am besten?"

Ist dann nach ruhigem und sorgfältigem Abwägen der Vor- und Nachteile aller möglichen Alternativen eine Entscheidung gefällt worden, sollte unbedingt sichergestellt sein, dass nur das, was beschlossen wurde, umgesetzt wird und keinesfalls mehr. Also bitte nicht, nur weil in einer bestimmten Datei eine Korrektur erforderlich ist, gleich noch weitere, weniger gravierende Fehler dort beheben – die Wahrscheinlichkeit, dadurch neue Probleme zu verursachen, ist einfach viel zu hoch!

Kundenspezifisches

Die meisten der heute am Markt angebotenen größeren Software-systeme bieten die Möglichkeit, das System zu konfigurieren, d. h. durch Einstellen bestimmter Parameter aus mehreren prinzipiellen Möglichkeiten die auszuwählen, die den eigenen Anforderungen am besten entspricht. Von vielen Anbietern wird dies auch „Customizing" genannt. Anpassbar sind typischerweise

- Oberfläche
- Programmlogik / Funktionalität
- Datenstrukturen
- Schnittstellen

Und nur zu häufig wird nach der Methode „Versuch und Irrtum" mal dieser Parameter und mal jener Wert geändert, bis man schließlich den Eindruck hat, dass das Ergebnis ganz brauchbar ist. Das eigentliche Problematische an diesem Vorgehen zeigt sich meist erst später: Wenn man das „brauchbare Ergebnis" auf einen anderen Standort übertragen oder aber auch wieder zum vorherigen Zustand zurücksetzen will, weiß niemand, wie dies gehen kann – denn es gibt keinerlei Dokumentation dessen, was geändert wurde.

Daher sollte man immer erst die gewünschten Anpassungen auflisten und für jeden einzelnen Anpassungswunsch festhalten, welche Parameteränderungen das gewünschte Ergebnis bewirken. Diese sind umgehend zu dokumentieren, damit man sie jederzeit übertragen oder rückgängig machen kann.

Eine zweite, ebenfalls sehr häufige Möglichkeit ist es, die Funktionalität der ausgelieferten Software zu erweitern – was in der Regel durch Skripte passiert.

Auch hier führt das reichliche Nutzen dieser Möglichkeiten schnell zum Chaos – niemand weiß mehr, wo und warum welche Erweiterung vorgenommen wurde, so dass ein Umsetzen neuer Änderungswünsche meist erst einmal eine aufwändige Bestandsaufnahme erfordert.

Daher ist es unbedingt empfehlenswert, ein Skript-Verzeichnis zu führen, welches auflistet, welches Skript zu welchem Zweck an welcher Stelle eingefügt wurde. Außerdem sollte etwa die folgende Information in der Skript-Datei selbst geführt werden, und zwar je Datei:

- Zweck
- Beschreibung
- mögliche Parameter
- Rückgabewerte
- erforderliche Softwareversion
- zulässige Start- / Aufrufpunkte
- Anmerkungen / Besonderheiten
- Projekt
- Verweise auf sonstige Dokumente (z. B. Anforderungsspezifikation)
- Skript-Version und Änderungshistorie
- Liste der Ersteller / Änderer mit Kontaktinformationen (Tel.)

sowie je Funktion oder Klasse:

- Zweck
- Beschreibung
- mögliche Parameter
- Rückgabewerte
- berücksichtigte Fehlerfälle
- Anmerkungen / Besonderheiten

Wenn man sich auf eine einheitliche Struktur der Dokumentation im Skript einigt, kann man diese auch leicht mit einem zusätzlichen Skript in ein einheitliches Dokument extrahieren.

Metriken

Ob Software gut genug für eine Auslieferung ist, bestimmt immer noch oft genug das Bauchgefühl eines oder mehrerer Tester. Und spätestens dann, wenn der Empfänger nicht richtig glücklich mit der wahrgenommenen Qualität der Lieferung ist, kommt sehr schnell die Frage auf, ob es nicht bessere Kriterien als (nur) das Bauchgefühl gibt. Wie soll W. Edwards Deming einmal gesagt haben? „In God we trust – all others bring data" („Gott vertrauen wir – alle anderen müssen ihre Angaben belegen").

Kann man Softwarequalität messen? Leider nicht so einfach wie das Gewicht eines Menschen oder das Volumen einer Milchflasche. Das Problem beginnt schon damit, dass es sehr unterschiedliche Vorstellungen davon gibt, was Qualität bedeuten soll. Ein auf den ersten Blick verblüffender, auf den zweiten Blick aber meist einleuchtender Ansatz ist folgender:[52]

Qualität heißt, sich für eine der drei folgenden Prioritäten zu entscheiden:
1. Minimiere die Produktentwicklungszeit
2. Maximiere die Kundenzufriedenheit
3. Minimiere die Anzahl bekannter Mängel

Man stelle sich nur den Fall vor, dass drei Wochen vor der geplanten Auslieferung noch zahlreiche als schwerwiegend eingestufte Fehler nicht behoben sind und womöglich auch noch neue, einem Kunden zugesagte Funktionen fehlen – dann bleibt dem Management nur, sich für eine der oben genannten Alternativen zu entscheiden.

Klassische Maße

Die wohl am meisten genutzten und auch sehr einfach zu erhebenden Softwarequalitätsmaße sind genau genommen das Gegenteil: Fehlermaße.

Sozusagen der Klassiker ist die Fehlerrate – meist grafisch etwa wie folgt dargestellt:

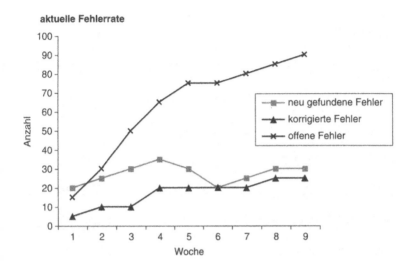

Dieses fiktive Beispiel zeigt einen Zustand, der häufig am Anfang einer Systemtest-Phase auftritt: Fehler werden sehr viel schneller gefunden als behoben, wodurch die Anzahl offener Fehler stark ansteigt. Hier noch drei weitere häufig verwendete Maß-Zahlen:

$$\text{Fehlerdichte} = \frac{\text{Anzahl bekannter Fehler}}{\text{„Größe"}}$$

wobei „Größe" dazu dient, die Zahlen auch bei unterschiedlichen Funktionseinheiten (z. B. Softwaremodul oder Release) vergleichbar zu machen und typischerweise in Anzahl Code-Zeilen (Lines of Code) oder Anzahl Function Points angegeben wird.

$$\text{MTBF} = \frac{\text{Anzahl gefundener Fehler}}{\text{Anzahl Teststunden}}$$

MTBF steht für „Mean Time Between Failures" – bezeichnet also die durchschnittliche Nutzungszeit zwischen dem Auftreten von zwei Fehlern.

$$\text{Defect Removal Effectiveness} = \frac{\text{in einer Phase behobene Fehler}}{\text{in dieser Phase vorhandene Fehler}} \times 100\%$$

Da die Anzahl der in einer Phase vorhandenen Fehler in einer Software nie bekannt ist, wird sie meist angenähert durch die Summe aus „in dieser Phase beseitigte Fehler" und „in späteren Phasen gefundene Fehler"

Zum Schluss dieses Abschnittes will ich noch meinen persönlichen Favoriten aufführen:

$$\text{System Spoilage} = \frac{\text{benötigte Zeit zum Beheben von Fehlern}}{\text{bisher benötigte Entwicklungszeit}}$$

Vereinfacht gesagt ist dies der Zeitanteil im Projekt, der für das Beseitigen von Fehlern aufgewendet werden muss. Interessant ist auch hier nicht der einzelne absolute Wert, sondern die Entwicklung, also beispielsweise der Unterschied zwischen aufeinanderfolgenden Releases.

Wie viele Fehler noch?

Eine relativ einfache Vorhersage-Technik zum Abschätzen der Anzahl noch nicht gefundener Fehler, genannt „Defect Pooling"[53], basiert auf einer Trennung der Fehlermeldungen in zwei Gruppen. Nennen wir sie Gruppe A und Gruppe B. Die Unterscheidung zwischen den zwei Gruppen ist im Grunde beliebig. Man könnte gewissermaßen das Test-Team in der Mitte teilen und die Hälfte der Fehlermeldungen der einen, die andere Hälfte der anderen Gruppe zuordnen. Es spielt wirklich keine Rolle, wie die Aufteilung erfolgt, solange beide Gruppen unabhängig voneinander arbeiten und beide die volle Funktionalität der Software testen.

Sobald die Unterscheidungen zwischen den zwei Gruppen festgelegt ist, werden die Anzahl gemeldeter Fehler in Gruppe A, die Anzahl derer in Gruppe B und – das ist der wesentliche Teil, die Anzahl der Fehler, die in beiden Gruppen gemeldet wurden, verfolgt. Die Anzahl unterschiedlicher gemeldeter Fehler ist dann:

$$\text{Fehler}_{\text{eindeutig}} = \text{Fehler}_A + \text{Fehler}_B - \text{Fehler}_{A\&B}$$

Die Gesamtanzahl der Fehler in der Software kann dann abgeschätzt werden durch:

$$\text{Fehler}_{\text{Gesamt}} = (\text{Fehler}_A * \text{Fehler}_B) / \text{Fehler}_{A\&B}$$

Hat beispielsweise ein Projekt 400 Fehler in Gruppe A, 350 Fehler in Gruppe B und 150 Fehler in beiden Gruppen, wie in der folgenden Abbildung dargestellt, wäre die Anzahl unterschiedlicher Fehler 400

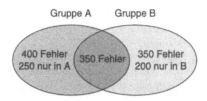

+ 350 – 150 = 600. Die ungefähre Gesamtanzahl der Fehler wäre (400 x 350) / 150 = 933. Dies lässt vermuten, dass noch etwa 333 Fehler zu entdecken sind (ungefähr ein Drittel der erwarteten Gesamtanzahl). Die Anwendung des „Defect Pooling" in diesem Beispiel zeigt also, dass die Qualitätssicherung in diesem Beispielprojekt noch einen langen Weg vor sich hat.

„Defect Pooling" erfordert einen beachtlichen Zusatzaufwand, um zwei getrennte Fehlerlisten zu führen und vor allem, um die Fehler zu identifizieren, die beiden Listen gemeinsam sind.

Was sind zweckmäßige Maße?

Im Rahmen einer Softwareentwicklung gibt es jede Menge mögliche Messgrößen am Produkt, am Projekt oder am Prozess. Bevor man jetzt möglichst alles sammelt, was einem irgendwo über den Weg läuft, sollte man erst einmal die Frage stellen, was man eigentlich erreichen will und welche Maße einem die dazu erforderlichen Informationen liefern können. Der Fachbegriff hierfür heißt „Goal, Question, Metric".

Ein Beispiel hierzu[54]:
Mögliche Fragen zum Ziel „maximiere Kundenzufriedenheit" können sein:
- Wie viele Probleme treten beim Kunden auf?
- Wie lange dauert die Problembehebung?
- Was sind die Flaschenhälse?

Und mögliche Metriken hierzu sind:
- Anzahl Fehler sowie Anzahl Änderungswünsche
- Verhältnis und Dauer offener und geschlossener Fehler und Änderungswünsche
- durchschnittliche Dauer bestimmter Transaktionen

Sobald entschieden ist, welche Metriken genutzt werden sollen, ist / sind für jede dieser Metriken[55]

- zu definieren, welche Daten benötigt werden,
- zu definieren, in welche Maßeinheit die beobachteten Werte gemessen bzw. gespeichert werden sollen,
- zu definieren, wie häufig die Daten zu erheben sind und an welchen Stellen im Prozess Messungen durchzuführen sind,
- zu definieren, innerhalb welcher Zeitspanne die Messwerte in Datenbanken o. Ä. übertragen werden,
- Formulare und Abläufe zum Sammeln und Speichern der Daten zu erstellen,
- zu definieren, wie die Daten gespeichert werden und wie auf sie zugegriffen werden kann. Es ist jeweils ein Verantwortlicher für Eingabe, Kontrolle und Sicherung der Daten zu identifizieren,
- festzulegen, wer die Daten sammeln und auf sie zugreifen wird. Verantwortliche dafür sind zu bestimmen,
- zu definieren, wie die Daten künftig analysiert und angezeigt werden,
- herauszufinden, welche unterstützenden Werkzeuge entwickelt oder angeschafft werden müssen, um den Prozess künftig zu automatisieren und zu verwalten,
- eine Anleitung zur Datensammlung vorzubereiten.

Wer ganz neu damit beginnt, Metriken einzuführen, ist sicher gut beraten, wenn er oder sie klein anfängt und sich langsam steigert. Generell empfehlenswert ist es, Messgrößen aus folgenden Bereichen einzubeziehen:[56]

- *Produktgröße*: zum Beispiel Anzahl Code-Zeilen, Funktionspunkte, Objektklassen, Anzahl Anforderungen oder Anzahl Dialog-Fenster und -Schaltflächen
- *Soll und Ist bei Zeit (Kalendertage) und Aufwand (Arbeitsstunden)*: sowohl für einzelne Arbeitspakete, Meilensteine sowie das Gesamtprojekt
- *Aufwandsverteilung*: aufgewendete Zeit für Entwicklung (Projektleitung, Anforderungsspezifikation, Design, Implementierung und Test) und Wartung (Anpassungen, Verbesserungen, Korrekturen)
- *Fehler*: Anzahl von Testern und Kunden gefundener Fehler samt Typ, Schwere und Status (offen oder behoben)

Noch eine Bemerkung zum Schluss: Jede Metrik birgt die Gefahr in sich, dass Betroffene ihr Verhalten ändern, um die Messgröße zu optimieren – was nicht immer zielführend ist. Das typische Beispiel hier sind Produktivitätsmessungen, die dazu führen können, dass möglichst schnell möglichst viel abgeliefert wird – ohne Rücksicht auf die Verwendbarkeit dessen, was abgeliefert wird.

Frühe Fehlerbehebung

Wie schon erwähnt, gibt es am Anfang einer Systemtest-Phase oft den Zustand, dass Fehler sehr viel schneller gefunden als behoben werden. Dadurch steigt die Anzahl offener Fehler stark an.

Was tut man am besten in so einer Situation? „Augen zu und durch" scheint so mancher Projektleiter hier zu denken und konzentriert sich weiter auf seine Entwicklungsaktivitäten – doch dieser Ansatz hat so seine Tücken.

Spätestens dann, wenn durch einen Fehler an einem Programmteil eine Weiterarbeit an anderen Programmteilen nicht oder nur noch teilweise möglich ist oder gar Folgefehler entstehen, weil sie auf falschem Programmverhalten aufsetzen, muss zumindest für bestimmte Fehler eine Korrektur angegangen werden. Und dann führt ein dringendes Problem hier, eine Blockade dort dazu, dass Programmierer mehr und mehr Zeit für Fehlerbeseitigung aufwenden müssen, die im Projektplan gar nicht vorgesehen ist. Egal wie akkurat die Aufwandsplanung auch sein mag – die gesamte Zeitplanung ist Makulatur, und es ist völlig undefiniert, wann eine Phase abgeschlossen werden kann. Ein besonders eindrückliches Beispiel für dieses Phänomen ist die allererste Version des Programms Word for Windows von Microsoft.[57] Das Projekt galt als „Todesmarsch-Projekt". Es dauerte ewig. Man kam immer wieder vom Weg ab. Das ganze Team arbeitete aberwitzig viele Stunden; dennoch verzögerte sich das Projekt wieder und wieder und wieder, und der Stress war einfach unglaublich. Als der Krempel dann nach jahrelanger Verzögerung endlich ausgeliefert werden konnte, sandte Microsoft das gesamte Team erstmal zum Erholungsurlaub nach Cancun. Danach kam man dann zu einer ernsthaften Ursachenanalyse zusammen.

Dabei wurde erkannt, dass die Projektleiter so hartnäckig auf ihren Zeitplänen bestanden hatten, dass Programmierer nur noch so durch den Codierungs-Prozess rasten und dabei extrem schlechten Code schrieben, da die Fehlerkorrekturphase nicht Teil des offiziellen Zeitplans war. Es wurde gar nicht erst versucht, die Fehleranzahl niedrig zu halten. Ganz im Gegenteil. Es wird erzählt, dass ein Programmierer, der den Code zum Errechnen der Höhe einer Textzeile zu schreiben hatte, einfach „return 12" (gib 12 zurück) schrieb und darauf wartete, dass eine Fehlermeldung kommen würde, wonach diese Funktion nicht immer korrekt arbeite. Der Zeitplan war lediglich eine Liste von Funktionen, die darauf warteten, in Fehler umgewandelt zu werden. Im Nachhinein wurde dies als „Unendlich-viele-Fehler-Methode" bezeichnet.

Zur Lösung des Problems führte Microsoft die „Null-Fehler-Methode" ein. Viele Programmierer in der Firma hielten dies zunächst für einen Witz, denn es klang so, als könne das Management die Fehleranzahl durch einen Vorstandserlass reduzieren. Tatsächlich bedeutet „Null Fehler", dass zu jeder Zeit das Beseitigen von Fehlern Vorrang vor dem Schreiben jeglichen neuen Codes hat. Warum dieses?

Im Allgemeinen gilt, dass das Beheben eines Fehlers umso aufwendiger (in Zeit und Geld) wird, je länger man damit wartet. Zum Beispiel ist das Korrigieren eines Tipp- oder Syntaxfehlers, den der Compiler beanstandet, schlichtweg trivial. Entdeckt ein Programmierer einen Fehler gleich beim ersten Versuch, das Programm auszuführen, ist dieser vermutlich auch ruck, zuck gefixt, da er den gesamten Programmcode noch frisch im Gedächtnis hat.

Entdeckt er einen Fehler in einem Code, den er vor ein paar Tagen geschrieben hat, wird er ein Weilchen brauchen, um die Ursache ausfindig zu machen. Doch nach mehrfachem Lesen des Codes dürfte die Erinnerung zurückkommen und der Fehler mit verträglichem Zeitaufwand behoben werden.

Gilt es dagegen einen Fehler im Quellcode zu beheben, der schon vor ein paar Monaten geschrieben wurde, ist vermutlich das meiste, was damals gedacht wurde, schon wieder vergessen, und es wird daher entsprechend schwieriger, diesen Fehler zu beheben. Und muss jemand Fehler in Codestellen aufspüren, die ein anderer geschrieben hat, der vielleicht gerade in Urlaub ist, dann ist erst ganz langsam, methodisch und sorgfältig die Ursache ausfindig zu machen, und es zunächst völlig unklar, wie lange es dauern wird, eine Lösung zu finden.

Ein wesentlicher Grund dafür, Fehler auf der Stelle zu beheben ist also, dass es weniger Zeit erfordert. Ein weiterer Grund ist der, dass es völlig unmöglich ist, zuverlässig abzuschätzen, wie lange es dauern dürfte, ein bestimmtes Problem zu beheben, solange noch niemand weiß, was das Problem verursacht.

Dies bedeutet, wie schon am Anfang dieses Kapitels ausgeführt, dass ein Entwicklungszeitplan, zu dem es parallel eine lange Liste offener Fehler gibt, ein überaus unsicherer Zeitplan ist, auf den man sich nicht verlassen kann. Sind dagegen alle bekannten Fehler behoben und es ist nur noch neuer Code zu schreiben, wird der Zeitplan plötzlich erstaunlich exakt einhaltbar.

Und dann gibt es noch einen tollen Zusatznutzen der „Null-Fehler-Methode": Man kann viel schneller auf den Wettbewerb oder Kundenwünsche reagieren. Ist das eigene Produkt gewissermaßen jederzeit in auslieferungsfähigem Zustand, kann eine neue grandiose Funktion, mit der der Wettbewerb alle Kunden und Interessenten verzückt, auf der Stelle implementiert und ausgeliefert werden – ohne erst noch eine lange Liste aufgesammelter Fehler abarbeiten zu müssen.

Verschwendung

Was machen Sie mit jemandem, der Ihnen Ihr Geld stiehlt? Ich vermute, Sie werden diesen Menschen bei der Polizei anzeigen. Und was machen Sie mit jemandem, der Ihnen Ihre Zeit stiehlt?

Oder vielleicht ist die Rollenverteilung genau umgekehrt. Sie sind ein ehrlicher Mensch und kämen nie auch nur auf die Idee, sich das Eigentum von jemand anderem anzueignen. Kann es trotzdem sein, dass Sie gelegentlich jemand anderem die Zeit stehlen?

Bill Gates soll die Antwort auf die Frage „Was ist das Geheimnis Ihres Erfolgs?" einmal wie folgt begonnen haben:[58]

Es gibt kein eigentliches Geheimnis für meinen Erfolg, aber bestimmte Ansichten und Vorgehensweisen tragen zum Erfolg bei. Erstens bin ich mir vor allem des Wertes von Zeit bewusst. Wenn ich etwa zu einer Besprechung gehe, behalte ich genaue Ziele im Auge, was bedeutet, dass es nicht viel Plauderei gibt, vor allem mit Kollegen, die ich gut kenne. Wir besprechen Aufträge, die wir verloren haben, oder bei denen der Overhead zu groß ist, und dann sind wir auch schon fertig. Es gibt immer mehr Herausforderungen als Zeit dafür, warum sollte man also Zeit verschwenden?

Die folgenden Formen von Zeitverschwendung sind nach meiner Beobachtung sehr häufig:

Meetingitis

„Wenn man nicht mehr weiter weiß, gründet man 'nen Arbeitskreis" oder „Besprechung – die praktische Alternative zur Arbeit" – Sprüche wie diese gibt es viele, und sie sind ein deutliches Indiz dafür, dass viele Mitarbeiter in Unternehmen heutzutage deutlich mehr Zeit in Besprechungen verbringen (müssen), als sie selber für angebracht halten.

Wie soll Werner Finck einst gesagt haben: „Eine Konferenz ist eine Sitzung, bei der viele hineingehen, aber nur wenig herauskommt."

Trotzdem, es wird wohl kaum ganz ohne gehen. Wenn viele Mitarbeiter informiert werden sollen, wenn zu einer Entscheidungsvorbereitung Informationen von mehreren Personen gleichzeitig benötigt werden oder wenn zu einer Problemlösung die Erfahrung, das Knowhow oder die Kreativität einer Gruppe gefragt ist, bietet es sich an, ein Meeting einzuberufen.

Damit dieses ein Erfolg wird, soll sich aber bitte auch jeder an die folgenden Regeln halten:[59]

Die zehn Gebote für Meetingteilnehmer:
1. Du sollst an keinem Meeting teilnehmen, wenn du nicht weißt, warum.
2. Du sollst dich vorbereiten.
3. Du sollst pünktlich sein.
4. Du sollst nicht an dich, sondern an die Ziele des Meetings denken.
5. Du sollst andere und deren Meinung genauso wichtig nehmen wie deine eigene.
6. Du sollst dich im Meeting nur mit dem Thema beschäftigen und nicht mit etwas anderem.
7. Du sollst keine Monologe halten.
8. Du sollt die Vergangenheit in Ruhe lassen.
9. Du sollst dem Moderator gehorchen.
10. Du sollst dich an die Ergebnisse des Meetings halten.

Und nicht vergessen: Damit alle das gleiche Verständnis darüber haben, was denn nun beschlossen wurde, gibt es eine Aktionsliste, in der festgehalten wird, wer – mit wem – was bis wann zu tun hat – ungefähr in der folgenden Form:

Wer? (*)	Was?	Mit wem?	Bis wann?	Erledigt?

(*) Hier dürfen nur Meeting-Teilnehmer aufgeführt werden!!

Um sicher zu sein, dass nicht jemand, der fachlich oder zeitlich die Anforderung gar nicht erfüllen kann, etwas „aufgedrückt" bekommt, dürfen in der Spalte „Wer?" nur Sitzungsteilnehmer aufgeführt werden.

Und noch eine Anmerkung: Nicht nur in Meetings, sondern insbesondere vor Meetings wird sehr häufig viel Zeit verschwendet: dadurch, dass einige der Teilnehmer deutlich später als andere kommen. Halten sich alle an das „akademische Viertel" oder so, gibt es kein Problem – ist aber das Verständnis von Pünktlichkeit sehr unterschiedlich, summieren sich fünf Minuten hier und zehn Minuten dort in größeren Teams schnell zu Personentagen auf, die jeden Monat nutzlos verstreichen.

Falscher Umgang mit E-Mails

E-Mails sind eine tolle Sache. In wenigen Sekunden kann man einen Brief an jemanden am anderen Ende der Welt schicken, allen Freunden den neuesten Witz oder auch einem Kunden eine Korrektur für ein Softwareproblem zukommen lassen.

E-Mails sind ein Katastrophe. Um ja sicher zu sein, dass niemand vergessen wird, gibt es ständig Mails an die gesamte Belegschaft, von denen mich über 90 % überhaupt nicht interessieren. Von der Flut von Werbe-Mails gar nicht zu reden.

Darum: Bitte erst einmal überlegen, von wem ich eine Reaktion erwarte. Diese Leute kommen ins Feld „an". Will ich noch jemanden informieren, ohne eine Handlung von ihm zu erwarten, kommt dieser jemand ins Feld „cc". Und alle anderen sollte ich tunlichst verschonen.

Eine andere Form von Zeitverschwendung ist die Tatsache, dass man in den meisten Büros heutzutage permanent online ist – und so wird einem das Eintreffen einer neuen E-Mail sofort optisch und / oder akustisch angezeigt.

Damit ist fast immer die Neugier geweckt, und man schaut eben schnell, wer der Absender ist. Und je nach Absender schaut man sich dann auch noch schnell die eigentliche Nachricht an.

Und ist ruck, zuck abgelenkt von der Arbeit, an der man eben noch war. Bei einer unerfreulichen Nachricht auch noch verärgert – also wird gleich eine Erwiderung geschrieben – was einen gedanklich noch weiter von den Themen entfernt, mit denen man eben noch befasst war.

Kurz, man ist abgelenkt und unterbrochen und braucht zusätzliche Zeit, sich irgendwann wieder in seine ursprüngliche Aufgabe hineinzudenken.

Diesem Nachteil steht nicht wirklich ein Vorteil durch das sofortige Lesen der E-Mail gegenüber. Wenn sie ganz dringend war, wird der Absender sowieso außerdem noch anrufen. Daher kann ich nur dazu raten, sich pro Tag lediglich ein- bis zweimal seinen E-Mails zuzuwenden – und ansonsten das Mail-Programm zu verlassen sowie Benachrichtigungsroutinen abzuschalten.

Arbeitsmittel

Immer wieder erstaunt es mich, zu sehen, dass Projektleiter, die darüber entscheiden dürfen, wie, wann und wofür hunderte von Personentagen verwendet werden, selbst für kleine einfache Arbeitsmittel Beschaffungsanträge stellen und den Bedarf aufwendig verargumentieren müssen, um in schließlich irgendwann genehmigt zu bekommen – oder auch nicht.

Die logische Konsequenz hieraus ist, dass diese Anträge nur noch in „äußersten Notfällen" gestellt werden. Woraus wiederum folgt, dass beispielsweise der überwiegend beim Kunden tätige Spezialist, wenn er ein paar farbige Ausdrucke braucht, eben keinen eigenen Drucker dafür verwenden kann – der kaum so viel kostet wie zwei Arbeitsstunden – sondern mehr als einen halben Tag dafür aufwenden muss, extra ins Büro und zurück zu fahren, um diese Ausdrucke zu bekommen.

Wenn ein Mensch hinreichend befähigt scheint, ein Projekt im Umfang von mehreren hunderten Personentagen zu leiten, sollte man ihm oder ihr doch auch zutrauen, ein Sachmittelbudget von wenigen hundert Euros sinnvoll zu nutzen, oder?

Alles gleichzeitig

Wer gefragt ist, kann kaum in Ruhe eine Aufgabe nach der anderen erledigen. Meist wird erwartet, dass so jemand schnell wechselnd ein Problem hier löst und einen genialen Vorschlag dort macht.

Aufgaben, bei denen man nur stundenweise gebraucht wird, können selbstverständlich problemlos auf diese Weise, sozusagen ineinandergeschachtelt, erledigt werden. Kritisch wird es jedoch, wenn nur aus Gründen der Dringlichkeit oder aber um einen wehklagenden

Manager zu befriedigen ein Mitarbeiter immer wieder gezwungen ist, eine Aufgabe zugunsten einer anderen Arbeit zu unterbrechen[60].

Nehmen wir der Einfachheit halber an, ein hoch spezialisierter Mitarbeiter sei ursprünglich für die nächsten Wochen entsprechend der nachfolgenden Abbildung für Arbeiten in drei verschiedenen Projekten eingeplant:

Woche 1	Woche 2	Woche 3	Woche 4

ursprünglicher Arbeitsplan		
Setup	Aufgabe für Projekt A	Setup	Aufgabe für Projekt B	Setup	Aufgabe für Projekt C

Nehmen wir weiterhin an, dass alle Projekte schon hinter dem Zeitplan liegen und insbesondere die Verantwortlichen für die Projekte B und C vehement fordern, dass der Spezialist sich schnellstens wenigstens einer dringenden Teilaufgabe widmet, da sonst alle anderen Mitarbeiter blockiert sind. Dies wird fast sicher dazu führen, dass unser Spezialist sehr bald seine Arbeiten am Projekt A unterbrechen muss, mit Arbeiten am Projekt B beginnt, aber auch diese nicht zu Ende führen kann, sondern so rasch wie möglich etwas für Projekt C erledigt. Durch den Wechsel zwischen den Aufgaben ergibt sich für seine Einsätze also etwa folgendes Bild:

Woche 1	Woche 2	Woche 3	Woche 4

ursprünglicher Arbeitsplan		
Setup	Aufgabe für Projekt A	Setup	Aufgabe für Projekt B	Setup	Aufgabe für Projekt C

Realität durch Multitasking										
Setup	A	Setup	B	Setup	C	Setup	A	Setup	B	Setup	C	Setup	A	Setup	B	Setup	C

Wie man sieht, ist dies gleich doppelt verhängnisvoll. Zum einen resultiert aus der immer neu erforderlichen Einarbeitung in das Projekt (Setup) deutliche Mehrarbeit, zum anderen steigt die Durchlaufzeit teilweise drastisch an. Am extremsten ist dies im Projekt A: Zwar entspricht die Gesamtarbeitszeit etwa der anfänglichen Planung von

etwas mehr als einer Woche, fertig ist die Arbeit aber erst nach etwa
dreieinhalb Wochen – also deutlich zu spät:

Woche 1	Woche 2	Woche 3	Woche 4

Parallelarbeit, dazu gedacht, möglichst in allen Projekten möglichst
bald entscheidende Fortschritte zu machen, ist in so einer Situation
also nur kontraproduktiv: Der Aufwand für jedes Arbeitspaket wird
erhöht, der Fertigstellungstermin für alle Projekte schiebt sich weit
nach hinten. Letztendlich werden alle drei Kunden vergrätzt – nach
der anfänglichen Planung wäre es nur einer gewesen.

Falsche Prämissen

Fast jeder, der einen großen Berg Arbeit vor sich sieht – und keine
Möglichkeit, davonzulaufen –, möchte alle Aufgaben möglichst früh
angehen, um diesen Berg möglichst rasch abzutragen. Daraus leitet
sich die feste Überzeugung der meisten Manager ab, dass eine Aufgabe umso eher fertiggestellt werden kann, je früher mit ihr begonnen wird. Dies trifft jedoch nur dann zu, wenn garantiert

- alle für den Arbeitsbeginn benötigten Voraussetzungen (z. B. Zulie-
  ferungen) vollständig erfüllt sind,
- die Anforderungen nicht mehr vom Kunden modifiziert werden –
  hierdurch würden schon fertiggestellte Arbeitsergebnisse teilweise
  unbrauchbar werden,
- keine Prioritäten geändert werden mit der Folge, dass die Arbeit
  an der Aufgabe zugunsten einer jetzt als wichtiger angesehenen
  Arbeit gestoppt werden muss.

Anders formuliert: Ist dies, was in der Praxis meistens der Fall sein
wird, nicht garantiert, führt der möglichst frühe Arbeitsbeginn zu
Verspätungen im Projekt, da

- bei einem frühen Beginn („wir haben ja noch viel Zeit") die Neigung
  groß sein wird, Störungen oder Unterbrechungen zu akzeptieren,

■ bei einem frühen Beginn es schwierig bis unmöglich ist, Änderungs-
wünschen des Kunden oder des Managements nicht nachzugeben.

Gerade Änderungswünsche führen sehr schnell dazu, dass Details
noch mit den künftigen Anwendern abgeklärt werden müssen – weshalb die aktuelle Arbeit unterbrochen werden muss. Also wird schon
mal mit der nächsten Aufgabe begonnen – die dann warten muss,
wenn neue Informationen zur ersten eintreffen. Und schon haben wir
wieder die oben beschriebene Situation.

Heute schon an morgen denken

Software, wenn sie einmal in den Markt gefunden hat, ist überaus langlebig. Viele Systeme sind 20 und mehr Jahre im Einsatz. Was auch bedeutet, dass während der Einsatzzeit immer wieder

- Fehlerkorrekturen
- Anpassungen an neue technische Gegebenheiten
- Erweiterungen oder Änderungen aufgrund neuer oder geänderter fachlicher oder gesetzlicher Vorgaben
- Antwortzeitoptimierungen
- zusätzliche oder modifizierte Schnittstellen zu oder von anderen Systemen

erforderlich sind.

Eine Software, bei der dies mit möglichst geringem Aufwand möglich ist, wird als „wartbar" bezeichnet. Womit wir beim letzten im Kapitel „Was ist gute Software" genannten Kriterium wären: „*Wartbarkeit:* Die Programme können schnell und einfach an neue Anforderungen angepasst werden"

Eigentlich sollte so etwas eine Selbstverständlichkeit sein – doch wie der folgende Kommentar aus einem Internet-Blog zeigt, ist es dies nicht unbedingt:[61]

Hat man eine 20 Jahre „gewachsene" Softwarelandschaft, so haben sich dort mehrere Generationen von Entwicklern ausgetobt: Erfahrene, Jungspunde, Stümper oder alte verbohrte Hasen ...

Je nachdem, in welchen Anwendungsteil man schaut, findet man verschiedenste Verbrechen!

Angefangen mit Bit & Byte-Fummelei, da man damals jedes Halbbit (Ja Bit, so scheint es manchmal) bis auf das Letzte ausreizen musste. Weiter geht es mit stark verwobenen Datenstrukturen, so dass man eigentlich keinerlei Änderungen mehr an diesen machen kann (Weiterentwicklung).

Achten Sie also darauf, dass auch jemand, der in fünf oder zehn Jahren Ihr Programm modifizieren soll, eine faire Chance hat, dies erfolgreich zu tun. Wie kommt man zu wartbarer Software? Was wir wissen (oder glauben zu wissen)[62]:

- Gute Dokumentation erleichtert die Wartung.
  Aber: Wartung macht aus guter Dokumentation obsolete.
- Gute Struktur erleichtert die Wartung.

Aber: Wartung macht gute Struktur schlecht(er).

▪ Die wichtigste Fähigkeit des Wartungsingenieurs ist die Fähigkeit, aus der Software die Intentionen des Urhebers herauszulesen.

▪ Die wichtigste Fähigkeit seines Vorgesetzten ist die Fähigkeit, NEIN zu sagen.

▪ Allgemeiner: Jede Forderung nach Wartung sollte rational auf das Kosten-Nutzen-Verhältnis geprüft werden, also nicht nach den Mustern:
- *Das ist einfach, das machen wir sofort.*
- *Das ist sehr aufwendig, das lassen wir bleiben.*

Überlegen Sie bitte schon beim Entwickeln von Software, was Sie alles bräuchten, um sich möglichst rasch in eine Ihnen bisher völlig unbekannte Software hineinversetzen zu können. Und schon ist offensichtlich, wie essenziell eine aktuelle Dokumentation der Systemziele, der Entwurfsentscheidungen, des Datenmodells etc. ist. Auch dürfte es dann außer Frage stehen, dass selbst jedes kleine Skript und jede einfache Prozedur einen kurzen Kommentar zu Zweck, Algorithmus, Parametern usw. enthalten muss.

Einen weiteren interessanten Gedanken zum Thema Wartung fand ich in einem weiteren Blog im Internet[63]:

Wenn Sie ein neues Haus bauen, Ihrem Haus einen weiteren Raum hinzufügen, Ihre Elektroinstallation erweitern oder für fast jede andere Änderung in einem Gebäude gibt es Bauvorschriften, die einzuhalten sind, Genehmigungen, die einzuholen sind, sowie Kontrolleure, die die Arbeit begutachten. Manches davon mag übertrieben, teuer, frustrierend oder auch rein politisch sein, aber es ist alles vorhanden, um Standards für Sicherheit, Gefahrlosigkeit und manchmal sogar Effizienz aufrechtzuerhalten.

Und es schließt sich die Frage an, ob Software nicht besser wäre, wenn es ähnliche Vorschriften, Genehmigungen und Kontrollen dafür gäbe.

Ich denke schon. Denn speziell bei Änderungen und Erweiterungen werde ich häufig den Eindruck nicht los, dass hier ohne jede Rücksicht auf die Statik und Raumaufteilung des ursprünglichen Gebäudes (um im Bild zu bleiben) Wände herausgerissen sowie Erker angebaut oder neue Geschosse aufgesetzt werden.

Wohl niemand käme auf die Idee, auf eine Ecke eines Gartenhauses einen Fußballplatz und auf eine andere Ecke einen Fernsehturm aufzusetzen – doch im Gegensatz zu dem sehr anschaulichen Objekt

„Haus" sind die Grenzen der Erweiterbarkeit des immateriellen Guts „Software" eben nicht so offensichtlich.

Dies führt insbesondere bei „schnellen" Anpassungen, die nur leider dem ursprünglichen Entwurf diametral widersprechen, fast immer zu einer Implementierung, bei der die Anwender unbefriedigende Antwortzeiten und / oder unlogische Arbeitsabläufe reklamieren werden. Hier hilft es letztlich allen Beteiligten mehr, wenn gleich offen und ehrlich angesprochen wird, warum diese oder jene Erweiterung nur mit großem Aufwand – oder gar nur im Rahmen einer Neuimplementierung – in einer ansprechenden Art und Weise möglich sein wird.

Eine Software zu erstellen, die bei richtiger Eingabe eine erste Anforderung wie gewünscht umsetzt, ist relativ einfach. Schwierig ist es, eine Software so gut zu schreiben, dass auch ein Programmierer, der den Quellcode noch nie zuvor gesehen hat, in der Lage ist, zu erkennen, welche Anpassungen verantwortbar sind und diese dann vorzunehmen ohne gleichzeitig neue Probleme auszulösen.

Bitte tunlichst vermeiden

Für komplexe Probleme gibt es keine einfachen universellen Lösungen. Demzufolge auch nicht für das Problem, möglichst rasch eine tolle Software zu entwickeln. Aber es braucht nur etwas Nachdenken und guten Willen, um bekannte problembereichs- und projektunabhängige Grundübel zu vermeiden, die zu Budgetüberschreitungen, Zeitverschiebungen, geringer Akzeptanz oder gar zum Scheitern von Projekten führen können.

Daher zum Schluss hier eine Liste von Verhaltensweisen, die tunlichst vermieden werden sollen:[64]

* Unrealistische Zeitplanung
  - Probleme werden nicht ausreichend durchdacht
  - das Erreichen des Stichtags gilt als Fertigstellungskriterium, unabhängig von der Qualität
  - was einmal bei korrekter Eingabe funktioniert hat, wird ausgeliefert
* Fehlendes Verständnis des Anwenderanliegens
  - Versuch, das Problem einer schon vorhandenen Lösung anzupassen
  - eigene Interpretation von Schlagworten dient als Basis für die Programmierung
  - zu viel allgemeine Details und Funktionen, da Wesentliches nicht von Unwesentlichem getrennt werden kann
  - zu wenig anwenderproblemspezifische Neuerungen
* Kurzfristige Entscheidung für „moderne" Werkzeuge und Methoden
  - keine Erfahrung und unzureichende Ausbildung
  - Versuch, neue Werkzeuge „wie gewohnt" zu nutzen
  - keiner will zugeben, was er nicht weiß
* „Wir haben die universelle Lösung"
  - glauben, dass ein bestimmter Ansatz überall der Beste ist
  - ignorieren von praktischen Lösungen, die sich anderswo schon bewährt haben
  - immer die gleichen Standardantworten auf fast alle Fragen

Man muss ja nicht wirklich in jedes schon bekannte Fettnäpfchen treten.

Quellenangaben

1   Schaumann P., Reiser Ch. Der Wahn nach Features, 2004, http://
    sicherheitskultur.at/lausige_software.htm, 14.01.2008
2   Crosby P. Qualität bringt Gewinn. McGraw-Hill, 1986, S. 14
3   Nach Lahres B., Raýman G. Praxisbuch Objektorientierung. Von
    den Grundlagen zur Umsetzung, Galileo Press, 2006, S. 21
4   Young R. Twelve Requirements Basic for Project Success, in:
    CrossTalk, The Journal Of Defensive Software Engineering, Vol
    19 (2006) No 12, S. 5, http://www.stsc.hill.af.mil/Crosstalk/
    2006/12/0612CrossTalk.pdf, 14.01.2008
5   Grafik nach Bender R. Requirements Based Testing – Process
    Overview, 2003, S. 2, http://www.benderrbt.com/Bender-
    Requirements%20Based%20Testing%20Process%20Overview.pdf,
    15.01.2008
6   Grafik nach Hanny M. Model-based requirements, 2002, S. 5,
    http://www.saspin.org/Saspin_Apr2002_Hanna.pdf, 15.01.2008
7   Dies ist eine Erweiterung einer Vorlage der imbus AG, Software-
    QS-Tag 2004, „Templates und Checklisten"
8   Teilweise inspiriert durch http://www.quint-essenz.ch/de/
    tools/4150.html, 01.02.2008
9   Hier flossen auch Beispiele und Anregungen aus folgenden Doku-
    menten ein:
    Schürr A. Vorlesung „Software Engineering I", 2007, S. 96-99,
    http://www.es.tu-darmstadt.de/lehre/ss07/se_i/download/
    skript/voll/SE1.book.pdf, 05.02.2008,
    Bender R. The Ambiguity Review Process, S. 2, http://www.
    benderrbt.com/Ambiguityprocess.pdf, 16.01.2008
    Ergänzung zum Merkblatt für die Anfertigung von Referaten,
    Projektberichten und Diplomarbeiten, S. 5, 7, http://www.
    innovation.uni-bremen.de/.files/Sonstiges/Ergaenzungen_
    Arbeitshilfen.pdf, 12.04.2008
10 Grudin J. The Case Against User Interface Consistency. Commun.
    ACM 32(10), 1989, S. 1164–1165 (1989), http:// research.microsoft.
    com/users/jgrudin/publications/consistency/CACM1989.pdf,
    25.04.2008
11 McConnell S. Software Project Survival Guide: How to Be Sure
    Your First Important Project Isn't Your Last. Microsoft Press,
    1997 S. 46

12 McConnell S. Software Project Survival Guide, a.a.O., S. 76

13 Johnson, J. 2002. Keynote speech, XP 2002, Sardinia, Italy;
    Grafik nach http://blogs.infosupport.com/photos/harryn/
    picture10305.aspx

14 Vorlesung „angewandte Telematik", Sommersemester 2007,
    S. 2, http://ebus.informatik.uni-leipzig.de/www/media/lehre/
    telematik07/at-07-ve09-pdf.pdf, 28.01.2008

15 Optische Darstellung nach Kretschmer D. UsabilityEngineering,
    Das DATech-Verfahren und seine Anwendung in der Praxis, S. 7,
    http://www.gi-dresden.de/files/190505.pdf, 30.01.2008

16 Frei nach http://www.ergo-online.de/site.aspx?url=html/
    software/grundlagen_der_software_ergon/grundsaetze_der_
    dialoggestalt.htm

17 Mutschler B., Reichert M. Usability-Metriken als Nachweis der
    Wirtschaftlichkeit von Verbesserungen der Mensch-Maschine-
    Schnittstelle, 2004, S. 6, http://www.mutschler.info/downloads/
    MetriKon-Mutschler-Reichert-Usability-Metriken.pdf, 29.01.2008

18 Performance – (k)ein Thema für Usability Professionals? UP-
    Track der Konferenz Mensch & Computer 2005, 4.–7. September
    2005, Johannes Kepler Universität Linz, S. 18, http://www.artop.
    de/5000_Archiv/5000_PDF_und_Material/Usability/Meyer_
    Vogt_Glier-Performance_und_Usability_MuC_Linz_2005.pdf,
    24.04.2008

19 Hentzen W. Berechnen von Zeit und Kosten für ein Software-
    projekt, http://www.dfpug.de/loseblattsammlung%5Closeblatt-
    %5Ca-uflage%5Close4%5C09_entwicklung/zeit_kosten.htm,
    17.01.2008

20 Whitten N. Managing Software Development Projects, John Wiley
    & Sons, 1990, S. 92

21 Boelmann W. Qualitätsmanagement in der Praxis, Vortrag EKON
    10, 2006, S. 31, http://www.hec.de/download/e0f4b98a-3c22-
    49cb-ada0-3f6571344d8a.pdf, 18.02.2008

22 Curth R. Leitfaden. Projektmanagement, 2007, S. 138f, http://www.
    office-2-help.de/Download/Leitfaden%20Projektmanagement.pdf,
    20.02.2008

23 Sehr frei nach Whitten N. Managing Software Development
    Projects, John Wiley & Sons, 1990, S. 151–161

24 Nach Basili, V. R., Perricone, B.T. Software errors and comple-
    xity: An empirical investigation, Comm. ACM, vol. 27, no. 1, pp.
    42–52, Jan. 1984

25 Jeffries R. Coding Standards http://www.xprogramming.com/
    Practices/PracCodingStandards.html

26 Grafik nach Kreimer J. Adaptive Erkennung von Software-Ent-
    wurfsmängeln, 2005, S. 39, http://deposit.ddb.de/cgi-bin/dokse
    rv?idn=983248826&dok_var=d1&dok_ext=pdf&filename=983248
    826.pdf, 26.02.2008

27 Wiegers, K. Seven Truths About Peer Reviews, http://www.
    processimpact.com/articles/seven_truths.html

28 Siehe auch: Cohen J. Lightweight Code Review Episode 4: The
    Largest Case Study of Code Review Ever, http://smartbear.
    com/white-paper.php?content=docs/articles/Case-Study.html,
    28.04.2008

29 Williams L., Kessler R. All I Really Need to Know about Pair
    Programming I Learned In Kindergarten, 1999, S. 1, http://
    collaboration.csc.ncsu.edu/laurie/Papers/Kindergarten.PDF,
    28.01.2008

30 Gerken J. F. Pair Programming. Eine kurze Abhandlung, 2004,
    S. 6, www.informatik.uni-bremen.de/~jfgerken/paper/pair_
    programming_jfgerken.pdf, 28.01.2008

31 Williams L. The Collaborative Software Process, University of
    Utah, Diss., 2000. S. 39–46, http://collaboration.csc.ncsu.edu/
    laurie/Papers/dissertation.pdf., 28.01.2008

32 Müller M., Padberg F., Tichy W. Ist XP etwas für mich? Empirische
    Studien zur Einschätzung von XP, 2005, S. 3, http://www.ipd.
    uka.de/~exp/xp/se2005.pdf, 28.01.2008

33 Grafik nach Eckrich K. Projektmanagement (PJM) – Handbuch für
    die Praxis, S. 11, http://www.changehouse.de/dokumente/Fol_
    PJM_Organisation.pdf, 20.02.2008

34 Hauser M., Volante K. Handbuch für Projektmanagement in
    Kooperationen, S. 27, http://www.zukunftsstiftung.at/ticnet/
    pm_de.pdf, 20.02.2008

35 Vor vielen Jahren in einem Vortrag der Psychologin Regina von
    Diemer mitgeschrieben

36 Schütz A., Herzwurm G. Messung der Kundenorientierung
    der Mitarbeiter in Software-Unternehmen, 1998, S. 57, http://
    systementwicklung-archiv.bibliothek.informatik.uni-koeln.de/
    archive/00000027/01/Band15_1998.pdf, 28.01.2008

37 Die Idee zu diesem Beispiel verdanke ich folgendem Artikel:
    Spiegl K. Projektmanagement life – Best Practices und Significant
    Events im Software Projektmanagement, 2007, S. 184, http://

www.pri.univie.ac.at/Publications/2007/SPIEGL_BPSWPM.pdf, 28.01.2008

38 Klein G. Sources of Power: How People Make Decisions. The MIT Press, 1999, S. 225

39 Für diesen Abschnitt wurden Informationen aus folgenden Quellen genutzt:
Selbstwert: Berufung – Persönlichkeit – Ganzheitlichkeit, http://www.selbstundwert.org/SelbstWert0602.pdf, 31.01.2008,
Bauer B. Projektmanagement, 2006, S. 95–97, http://www.informatik.uni-augsburg.de/lehrstuehle/swt/vs/lehre/WS_06_07/Projektmanagement/folien/PM_Komplett.pdf, 31.01.2008
http://www.textwear.ch/tipps/0031-size-success-2.html, 31.01.2008
http://www.textwear.ch/tipps/0032-size-success-3.html, 31.01.2008

40 Erweiterung / Modifikation einer Vorlage aus: Turowski K. DV-Projektmanagement. Kostenplanung. Otto-von-Guericke-Universität Magdeburg, S. 9, http://www-wi.cs.uni-magdeburg.de/lehre/ss98/projekt/skript/dv-pm-16.pdf, 05.02.2008

41 http://sicherheitskultur.at/lausige_software.htm, 05.02.2008

42 Grafik nach http://www.computerwoche.de/produkte_technik/589879/, 05.02.2008

43 http://www.todo-liste.de/html/eisenhower-methode.php, 05.02.2008

44 Angeregt durch, wenn auch nicht komplett in Übereinstimmung mit Berner, W. Qualitätssicherung: Regelmäßige „Reifeprüfung" der Arbeitsergebnisse, 2004, http://www.umsetzungsberatung.de/projekt-management/qualitaetssicherung.php, 28.01.2008

45 Nach Lörz H., Techt U. Critical Chain Beschleunigen Sie Ihr Projektmanagement. Haufe, 2007, S. 148

46 Nach McConnell S. Software Project Survival Guide, a.a.O., S. 179

47 Nähere Details siehe Lörz H., Techt U. Critical Chain Beschleunigen Sie Ihr Projektmanagement., a.a.O. Ein Beispiel mit den genannten fünf Schritten steht auf S. 77

48 Inspiriert durch Lehmann O., Oestereich B. Projektmanagement der kritischen Kette: Critical-Chain-Projektmanagement, 2007, S. 3–4, www.sigs.de/publications/os/2007/06/lehmann_oestereich_OS_06_07.pdf, 21.01.2008

49 DeMarco T., Lister T. Wien wartet auf Dich! Der Faktor Mensch im DV-Management. Carl Hanser, 1991, S. 57

50 Nach DiMaggio, L. Reflections on Scheduling Software Tests, the Project Life Cycle, and the Last Minute Bug, 1997, S. 9, http://www.testingcraft.com/dimaggio-scheduling.pdf

51 Brooks F. The Mythical Man-Month Addison-Wesley, 1982, S. 25

52 Grady R. Practical Software Metrics for Project Management and Process Improvement. Prentice Hall, Englewood Cliffs, NJ. 1992, S. 24

53 Nach McConnell S. Software Project Survival Guide, a.a.O., S. 226–227

54 Koschke R. Softwaretechnik, 2006, S. 18, http://mlecture. unibremen.de/intern/ss2006/fb03/vak-03-05-h-706_02/20060503/folien.pdf, 22.01.2008

55 Florac W., Park R., Carleton, A. Practical Software Measurement: Measuring for Process Management and Improvement, 1997, S. 55, www.sei.cmu.edu/pub/documents/97.reports/pdf/97hb003.pdf, 21.01.2008

56 Wiegers, K. A Software Metrics Primer, 1999, S. 2 www.tarrani. net/metrics_primer.pdf, 21.01.2008

57 Nach Spolsky J.: The Joel Test: 12 Steps to Better Code, 5. Do you fix bugs before writing new code?, August 2000, http://www.joelonsoftware.com/articles/fog0000000043.html, 29.04.2008

58 http://monitor.co.at/monitor/596/storys/gatesqa.htm, 17.01.2008

59 Hempfling R. Ergänzungsblätter zur Vorlesung Projektmanagement, WS 2006/2007, FH in Friedberg, S. 42, http://alpha. fh-friedberg.de/iem/fileadmin/user_upload/hempfling/Ergb_PMgmt_2.pdf, 28.01.2008

60 Beispiel aus Lörz, H. Critical Chain - Multiprojektmanagement: Erfolgreich mit höherem Projektdurchsatz!, S. 14-16, downloads. brainguide.com/publications/PDF/pub61059.pdf, 22.01.2008

61 http://tiefenresonanz-2070.blogspot.com/, 26.02.2008

62 Ludewig J. Bemerkungen zur Software-Wartung, 2005, S. 5, http://www.iste.uni-stuttgart.de/se/arbeitskreise/AK-Wartung/Folien/Ludewig.pdf, 25.02.2008

63 http://ctotodevelopers.blogspot.com/2007/01/building-codes-for-software.html, 22.01.2008

64 Angeregt durch AntiPatterns Refactoring Software, Architectures, and Projects in Crisis S. 12–17, http://dev.co.ua/docs/antipatterns.pdf, 12.04.2008

Stichwortverzeichnis

GPSR Compliance
The European Union's (EU) General Product Safety Regulation (GPSR) is a set
of rules that requires consumer products to be safe and our obligations to
ensure this.

If you have any concerns about our products, you can contact us on

ProductSafety@springernature.com

In case Publisher is established outside the EU, the EU authorized
representative is:

Springer Nature Customer Service Center GmbH
Europaplatz 3
69115 Heidelberg, Germany